珍藏本
纪念版

汉译世界学术名著丛书

食利者政治经济学

——奥地利学派的价值和利润理论

〔俄〕尼·布哈林 著

郭连成 译

商务印书馆
SINCE 1897 The Commercial Press

2017年·北京

Н. БУХАРИН

ПОЛИТИЧЕСКАЯ ЭКОНОМИЯ РАНТЬЕ

Теория ценности

и прибыли

австрийской школы

РЕПРИНТНОЕ ВОСПРОИЗВЕДЕНИЕ

ИЗДАНИЯ 1925 ГОДА

«ОРБИТА»

МОСКОВСКИЙ ФИЛИАЛ

1988

根据“轨道”出版社莫斯科分社 1988 年版译出

汉译世界学术名著丛书
（120年纪念版·珍藏本）
出 版 说 明

2017年2月11日，商务印书馆迎来120岁的生日。120年前，商务印书馆前贤怀揣文化救国的理想，抱持"昌明教育，开启民智"的使命，立足本土，放眼寰宇，以出版为津梁，沟通中西，为中国、为世界提供最富智慧的思想文化成果。无论世事白云苍狗，潮流左右激荡，甚至战火硝烟弥漫，始终践行学术报国之志，无改初心。

逐译世界各国学术名著，即其一端。早在20世纪初年便出版《原富》《天演论》等影响至今的代表性著作，1950年代后更致力于外国哲学和社会科学经典的译介，及至1980年代，辑为"汉译世界学术名著丛书"，汇涓为流，蔚为大观。丛书自1981年开始出版，历时三十余年，迄今已推出七百种，是我国现代出版史上规模最大、最为重要的学术翻译工程。

丛书所选之书，立场观点不囿于一派，学科领域不限于一门，皆为文明开启以来，各时代、各国家、各民族的思想与文化精粹，代表着人类已经到达过的精神境界。丛书系统译介世界学术经典，引领时代思想，为本土原创学术的发展提供丰富的文化滋养，为推动中国现代学术和现代化进程做出了突出的贡献。

为纪念商务印书馆成立120周年，我们整体推出“汉译世界学术名著丛书”120年纪念版的珍藏本，寄望既利于文化积累，又便于研读查考，同时向长期支持丛书出版的译者、编者和读者致以敬意。

两甲子后的今天，商务印书馆又站在了一个新的历史时间节点上。我们不仅要铭记先辈的身影和足迹，更须让我们的步伐充满新的时代精神。这是商务人代代相传的事业，更是与国家和民族的命运始终紧密相连的事业。我们责无旁贷，必须做好我们这代人的传承与创造，让我们的努力和成果不仅凝聚成民族文化的记忆，还能成为后来人可以接续的事业。唯此，才能不负前贤，无愧来者。

商务印书馆编辑部

2017年10月

目　录

序　言…………………………………………………………… 1
绪　论　马克思以后的资产阶级政治经济学………………… 5
1. 德国的历史学派。历史学派的社会学特征及其逻辑特征。2. 奥地利学派。奥地利学派的社会学特征及其简要的逻辑特征。3. 英美学派。4. “奥地利人”的先驱者。
第一章　边际效用理论和马克思主义理论的方法论基础 …… 28
1. 政治经济学中的客观主义和主观主义。2. 历史观点和非历史观点。3. 生产观点和消费观点。4. 小结。
第二章　价值理论 ………………………………………… 60
1. 价值问题的意义。2. 主观价值与客观价值。定义。3. 效用与(主观)价值。4. 价值量。评价单位。
第三章　价值理论(续) …………………………………… 82
1. 替代效益学说。2. 边际效益规模与财货量。3. 不同使用方式下的财货价值量。主观交换价值。货币。4. 互补性财货的价值(认定理论)。5. 生产性财货的价值。生产费用。6. 小结。
第四章　利润理论………………………………………… 124
1. 分配问题的意义。问题的提出。2. 资本的概念。“社会主义国家”的“资本”和“利润”。3. 资本主义生产过程概述；利润的形成。
第五章 利润理论（续）…………………………………… 148
1. 对现时财货评价过高的两个原因：不同时期需求与满足需求的手段之间的不同比例关系；对未来财货经常评价不足。2. 对现时财货评价过高的第三个原因：现时财货的技术优势。3. “生活基金”（der “Subsistennzfonds”）。现时财货的需求及其供应。利润的形成。
结束语…………………………………………………… 183
附 录 理论调和主义（杜冈—巴拉诺夫斯基先生的价值理论）
…………………………………………………………… 189
后 记…………………………………………………… 201

序　言

本书早在1914年秋即世界大战开始时就已经写完，而计划撰写的序言则写于这一年的8、9月间。

我早就想对最新资产阶级的理论经济学进行系统批判。为此，我在侥幸逃脱流放后就移居维也纳，并开始在维也纳大学受教于已故的庞巴维克。在维也纳大学图书馆，我被迫主要来仔细钻研奥地利理论家们的著作。然而我未能完成在维也纳的写作，因为奥地利政府在战争开始前将我监禁于要塞，而且手稿也被看守人员认真地检查过。在我被放逐的瑞士，洛桑大学图书馆给了我在那里研究"洛桑学派"（瓦尔拉斯）和老牌经济学家的机会，并探究了边际效用理论的根源。同时在那里我也开始研究英美经济学家。然后，政治活动又使我移居到瑞典，这里的斯德哥尔摩"国王图书馆"以及高等商业学校的专业经济图书馆允许我继续研究最新资产阶级经济学。我被捕后被驱逐到挪威，使我转换到克立斯坦尼亚（奥斯陆的旧称。——译者）诺贝尔学院图书馆，而后，即我到美国后，仍然是在当地的纽约"公共图书馆"比较详细地阅读了美国的经济学文献。

在克立斯坦尼亚，我的手稿很长时间不知遗失何方，只是承蒙我的朋友——挪威共产党人阿尔维德·汉森（Arvid G. Hansen）的极力寻找才失而复得，并于 1919 年 2 月带到苏维埃俄国。现在我仅把主要涉及英美学派和近些年整个出版情况的某些见解和注释写进该手稿。

这就是本书的外部“往事”。

至于事情的实质，可以归结如下：迄今为止，在马克思主义阵营中，对最新资产阶级经济学家的批判主要归结为两种形式：或者仅仅是社会学批判，或者是纯粹方法论上的批判。例如，确定该理论体系与某一阶级心理相似，就仅此而已。或者指出，一些方法论基础和对问题的态度不正确，因而认为没有必要对体系的“内部”方面进行详细批判。

诚然，如果认为只有无产阶级的阶级理论才可能是客观正确的，那么，单单对该理论的资产阶级性加以揭露这一点，严格说来就足以摒弃这种理论。实际上事情真是这样。马克思主义希望获得普遍意义，正是因为它是最进步阶级的理论体系，而该理论在认识上的“图谋”要比资本主义社会统治阶级保守的因而是有局限性的思想更加来势凶猛。然而十分清楚，在意识形态斗争中，例如对与我们敌对的体系的逻辑批判就恰恰应当揭示这个真理。因此，这些体系的社会学特征也绝不能使我们放弃在纯逻辑批判方面进行斗争的责任。

还需要说一说有关对方法的批判。当然，弄清基本方法论基础的错误会推翻整个理论体系。但意识形态斗争力求使方法的错误反映在体系的部分结论的错误中，也就是说，或是反映在该体系内部互相矛盾中，或是反映在该体系的缺陷和“本质上”不能包罗该学科许多重要现象的情况中。

由此我们得出结论，马克思主义有责任对最新理论全面展开评论，这既包括社会学方面的评论，也包括方法评论和对整个体系及其所有分支体系的评论。连马克思本人也对资产阶级政治经济学这样提出问题（请比较他的《剩余价值理论》）。

如果马克思主义者通常仅局限于对"奥地利"理论进行社会学和方法论的评论，那么，该理论的资产阶级反对派就会主要从部分结论不正确的角度来批评这一理论。只有 R. 施托尔茨曼几乎是独自一人试图对庞巴维克全面展开评论。正因为他的某些基本论点与马克思主义有理论共性，所以在评论"奥地利人"方面不难发现相似之处。我认为有必要指出，这种吻合甚至会在我了解施托尔茨曼的著作之前就使我像他一样也得出了同样的结论。尽管施托尔茨曼有那些优点，但他依据的是对社会完全不正确的看法，正如对"专项教育"（"Zweckgebilde"）的看法一样。难怪奥地利理论的一位非常敏锐的拥护者 R. 利夫曼，这位大大深化该理论并着重强调这一理论全部特点的人，会戒备施托尔茨曼，并恰恰去抨击他的目的论。这种目的论的观点连同明显表现出来的辩护腔调，使得施托尔茨曼不能在应有的理论范围内对奥地利人进行分析批评。这项工作只能由马克思主义者来完成，而刊印的概要就是这项工作的尝试。

选择批评对象本身并不需要做长篇说明。众所周知，奥地利理论恰恰是马克思主义的最强大的敌人。

在欧洲内战正酣之际我决定出版这本著作，人们也许会感到奇怪。但马克思主义者任何时候甚至在最残酷的阶级搏斗中，只要体力允许，就一定不会停止理论工作。如果认为既然资本主义理论的主体和客体在共产主义革命烈焰中马上灭亡，分析研究这种理论是荒唐的，这种反对意见更加不可轻视。这样推论是不正确的，因为了解资本主义体系对于了解目前的局势极为重要。正因为对资产阶级理论的批判为这种了解铺平道路，所以资产阶级理论的认识价值依然存在着。

关于叙述方法我再说几句。我力图尽可能写得简短些，这样也许叙述起来比较困难。另一方面，我援引了既有奥地利人自己的也有数学家和英美人士等的许多引文。在我们的马克思主义者圈子里对于这种方法抱有很大成见，正如对故作特别“学识渊博”抱有成见一样。然而我认为，这里需要借助一些历史文献来解释，这种解释能顺便使读者熟悉这一科目的书籍，并能哪怕是大致了解这些文献也好。而认识自己的敌人完全无可指责，更何况，我们对他们的了解少得可怜。此外注释中(in nuce)还包括对资产阶级理论思想的其他理论分支同时进行的系统批判。

我这里必须向我的朋友尤里·列昂尼多维奇·皮亚塔科夫表示感谢，我与他曾不止一次地一起讨论涉及理论经济学的各类问题。他的宝贵指点总能引起我的注意。

本书献给尼·列同志。

尼·布哈林

莫斯科，1919年2月末

绪论　马克思以后的资产阶级政治经济学

1. 德国的历史学派。历史学派的社会学特征及其逻辑特征。2. 奥地利学派。奥地利学派的社会学特征及其简要的逻辑特征。3. 英美学派。4. “奥地利人”的先驱者。

自从19世纪那位其思想成为世界无产阶级运动推动力的伟大思想家永远闭上那双“充满激情的眼睛”后，已经过去了30年。然而近几十年的全部经济进化——资本的疯狂集中和积聚，甚至在穷乡僻壤也发生对小生产的排挤，一方面出现功成名就的强大“工业巨头”，另一方面又增加了“由资本主义生产过程本身的机构所训练、联合和组织起来的”无产阶级大军，①所有这些都极大地证明了马克思理论体系的正确性。他把“揭示现代资本主义社会的经济**运动**规律”作为自己的目标。《共产党宣言》中首次提出的，后来又在《资本论》中得以充分发展的那个预见，已经有十分之九得到绝好的证实。这个预见的最重要部分之一即集中理论，现在已成为老生常谈，并作为公认的真理成为科学常规。诚然，该理论通常被其他理论改头换面，从而丧失了辨别马克思理论的那种严

① 马克思：《资本论》第1卷，人民出版社1975年版，第831页。

整性。在该理论中仅看到空想家所幻想的那种“经济浪漫主义”，当马克思所揭示并阐述的趋势目前急剧迅猛并大规模公开爆发时，则就完全丧失了立足点。只有盲人才看不到大生产的胜利进程。如果某些心地善良的人们只看到股份公司中的“资本民主化”，并多愁善感地把股份公司看成是社会和平与普遍幸福平安的保证（很遗憾，在无产阶级运动的队伍中确有这种人），那么，如今的“经济材料”就会最粗暴地破坏这种小市民阶层的安宁舒适生活，把股本变成一小撮霸占者的强大工具来残酷压制来自“第四阶层”方面的各种前进欲望。仅这一点就已经证明，马克思的理论结构是一种何等重要的认识工具。甚至仅仅现在才登上舞台的这些资本主义进化现象，也只有在马克思分析的基础上才能够弄清楚。① 强大的企业家组织、辛迪加和托拉斯的形成，规模空前的银行机构的产生，银行资本向工业资本的渗透，以及发达资本主义国家整个经济和政治生活中“金融资本”的霸权，所有这些只是使马克思所分析的发展趋势复杂化而已。金融资本的统治只是大大加快推进集中过程，并将生产变成成熟过渡为社会监督的社会化生产。诚然，前不久资产阶级学者宣称，工业家组织将结束生产的无政府状态并消灭危机。但是，唉！资本主义机体依然是周期性抽搐发作，只有十分幼稚的人们才会说借助于“玫瑰油”可以修补好改良主义的补丁。已经“遍及”整个地球的资产阶级的历史使命即告结束。无产阶级最广泛行动的时期即将来临，其斗争目前已经

① 希法亭的《金融资本》一书（俄译本由伊·斯捷潘诺夫译）在这方面极具借鉴意义。

超越民族国家的界限，对统治阶级采取更大规模施加压力的形式，行将实现运动的最终目标。而且实现马克思理论的基本预言和“敲响资本主义所有制丧钟”的时刻已为期不远了。然而，不论所有这些事实怎样令人信服地说明有关马克思主义理论构想的正确性，但该理论的成就在官方学者中不仅未得到扩大，反而很快化为乌有。如果以前在落后国家（例如在俄国和多多少少在意大利）甚至连大学教授们不反对向马克思卖弄自己，当然是自己“做些修正”和“修改”，但现在整个社会生活的进程，阶级矛盾的激化，各色资产阶级思想联合起来反对无产阶级的思想体系，将这些“中间类型的人”撵走，取而代之的是身披普鲁士式、奥地利式或（更加时髦的）英美式理论外衣的“纯欧洲的”、“现代的”学者。① 资产阶级能够以经济思想的两个主要派别对抗马克思钢铁般的体系：我们指的是所谓的“历史学派”（罗雪尔、希尔德布兰德、克尼斯、施莫勒、比克尔等人），也指最近得到广泛传播的“奥地利学派”（门格尔、庞巴维克、维塞尔）的学说。这两个派别本身标志着资产阶级政治经济学的破产。但这种破产表现为两种完全相反的形式。这就是，尽管第一个派别的资产阶级抽象理论的破产表现在对任何类似的一般理论的否定态度上，而第二个派别则相反，它正是要试图构建

① 这样，这些“新”理论的成就源自变化了的社会心理关系，并非源自这些理论的逻辑完善。憎恨社会主义无疑是资产阶级憎恶劳动理论的原因之一。庞巴维克本人多多少少承认这一点，他写道：“诚然，最初的劳动价值理论我觉得是由于社会主义思想的传播才在几年间得以迅速传播的，但近几年，该理论无疑主要由于‘边际效用’理论的影响而在所有国家理论家的视野中消失了。‘边际效用’理论拥护者的数量不断增加”。见杜冈—巴拉诺夫斯基校译的《资本与利润》一书第415页的注释。为什么放弃社会主义恰在“奥地利理论”中予以肯定，对此将在下面论述。

这种理论，但只是做出一系列异常巧妙的周密考虑的“似是而非的解释”。这类解释首先恰恰是在马克思理论最强有力的那些问题上，也就是在现代资本主义社会发展进程问题上遭到失败。众所周知，古典学派的经济学家曾竭力探寻最普遍的即“抽象的”经济生活规律的定义。而且像李嘉图这样的古典学派的杰出代表人物，也作出了抽象演绎研究的非常好的榜样。相反，“历史学派”是作为古典派的“世界主义”和“永动主义”（克尼斯）的反对派而产生的。① 这种区别具有其深刻的社会经济根源。古典派的理论及其倡导的自由贸易理论尽管存在着“世界主义”，却是极具“民族性的”理论，这是英国工业所必须的理论产品。由于一系列情况而在世界市场上占据特殊统治地位的英国，不惧怕任何竞争，不需要任何“人为的”即立法措施来战胜其他对手，因此，英国工业用不着吁求“真正英国的”发展条件，以此来证明某些关税刁难是正确的。英国资产阶级理论家们没有必要因此而将注意力集中于英国资本主义的特点：别看他们是英国资本利益的表达者，他们也谈一般经济生活的规律。欧洲和美洲大陆的经济发展则完全是另一种景象。② 与英国相比，德国这个“历史学派”的发源地是个落后国家，在很大程度上是一个农业国。日益崛起的德国工业最敏感地受到英国竞争的损害，德国重工业尤为遭殃。因此，如果英国资产阶级

① 克尼斯把“世界主义”理解成是古典派对政治经济规律即对任何国家和任何民族都适用的规律的看法；把“永动主义”看作是对不同历史时代的类似观点。见克尼斯：《从历史观点看政治经济学》，1883 年新版，第 24 页。

② 可以认为德国人弗里德里希·李斯特是第一个历史主义理论家（他的《政治经济学的国民体系》一书于 1841 年出版），他提出了保护关税政策的要求。

不需要强调民族特点，德国资产阶级则应当对民族特点加倍注意，以便根据德国发展的“特殊性”和“自家风格”从理论上论证“教育”关税的英明政策。理论兴趣正是要集中在弄清历史上具体的和民族受局限的东西。在理论上选择并提到首位的正是经济生活的这些方面。从社会学角度看，历史学派也是德国资产阶级发展的思想表现。德国资产阶级害怕英国的竞争，要求捍卫民族工业并因此而坚决强调德国“民族的”和“历史的”特点，然后推而广之，包括其他国家的上述特点。从社会遗传学上看，无论是古典派还是历史学派，都是“民族性的”，因为这两个派别都是历史产物和区域有限发展的产物。从逻辑观点看，古典派是“崇奉世界主义的”，“历史派”则是“民族性的”。因此，德国的关税保护主义是历史学派的根源。历史学派在其进一步发展中提出了一系列的细微理论差别，而且以古斯塔夫·施莫勒为首的该学派的一个最重要派别（所谓的“新历史学派”或“历史伦理学派”）具有保守农业的色彩，把过渡的生产形式特别是大地主和农业工人之间“宗法制”关系理想化，害怕“无产阶级的祸根”和“红色危险”，使这些“客观的”教授们露出马脚，并表露出他们“纯科学”的社会根源。① 从这种社会学特征又产生出历史学派的有关逻辑特征。从逻辑方面，“历史派”的特点首先是对抽象理论采取否定态度。深深厌恶这种研究成了

① 例如，米克拉舍夫斯基给施莫勒做了这样一份“业绩”清单：“他想拖延工人国家保险的实行，反对为农业工人和手工业者推行工人法律保护……他认为对于农业工人来说违反合同可以采用刑法，反对承认工会和工人联合会的权利，并对反对社会主义者的法律表示赞成。”（《政治经济学史：19 世纪经济学的哲学、历史和理论原理》，尤里耶夫 1909 年版，第 578 页。）

他们的主要心态，甚至这种研究的可能性本身也受到怀疑，有时遭到直接否定。“抽象的”一词在这类学者那里视同“无法理解的”意思。一些人开始以怀疑的态度来对待任何科学的最重要概念即“规律”的概念，最多只不过是接受经济史研究和统计研究所揭示的所谓“经验主义的规律”。[①] 这样一来，害怕广泛总结的狭隘经验主义登上了舞台。学派的极端代表人物亮出口号，宣布要积累具体的历史材料，而建议将理论总结工作放到某个未来时间去做。对历史学派的“晚辈”，其公认的领袖古·施莫勒是这样评述的：“新历史学派与他(即罗雪尔。——作者注)的区别在于，该学派力图不那么匆促进行总结，它感到更强烈地需要由收集一般历史资料转向对某些时代、民族和经济现象的专门研究。它首先需要经济史方面的学术专著，并十分愿意在弄清楚整个国民经济发展以前，首先弄清楚某些经济机构的发展。它追求历史法律研究的严格方法，但力求借助于旅行和自己的问题来补充书本知识，同时吸收哲学和心理学研究的资料”。[②]

① 例如，历史学派的十分温和的拥护者之一诺伊曼说：“在经济领域内根本不存在准确的规律”(《自然规律和经济规律》，载《综合社会学杂志》，由舍夫勒于 1892 年出版，第 48 期，第 435 页)。关于“典型的”概念，该作者写道：“那儿(即在自然科学中。——尼·布哈林注)存在一个典型，从这个典型又产生一个典型并且作为典型被研究。在此(即在社会科学中。——布哈林注)这个典型应该是被设想出来的，也就是说是虚构的”(见第 442 页)。

② 最近历史时期的学派和他的区别在于：这些学派将会推广得很慢，并且他们强烈意识到，由对多年的历史数据收集的需求转向对个别时期民族和经济形势的特殊研究的要求。他们首先渴望一些经济性的专题论著……比起对整个国民经济和世界经济的解释，他们更愿意解释个别经济制度的发展过程。他们以右派历史性研究的严谨方法为出发点，试图通过游访与仔细的查阅去补充书本知识，并且顾及到哲学和心理学的研究。(施莫勒：《一般国民经济原理概论》，莱比锡 1908 年版，第 119 页)

这种与抽象方法根本对立的观点至今仍继续在德国有影响作用。就在不久前(在1908年),还是那位古·施莫勒宣称,“我们在准备和材料搜集阶段还有很多工作要做”。①

由于具体性的要求,“历史”派别还有另一个特点,这就是,它认为社会经济生活完全不能离开生活过程的其他方面,尤其不能与法律和道德相分离,尽管认识的目的迫切要求这种(理论)分离。② 这种观点正是来源于对抽象概念的厌恶:不错,要知道人类社会的生活过程是统一的连续不断的过程,事实上只有一个历史,而不是各种经济史、法律史、道德史,等等。只有科学抽象才把统一的生活分劈为各个部分,同时人为地划分出多种多样的现象,并将其按一定的特征分类。因此,谁反对抽象法,谁就应当也反对经济生活与法律和伦理道德生活的分离。此种观点当然完全站不住脚。无疑,社会生活是一个统一体,这不错。但不应当忘记,如果没有抽象,认识是根本不可能的。概念本身就是对“具体事物”的抽象;任何论述也同样要求按照由于某种缘故而被认为是重要的那些特征来对现象进行一定的选择。因而,抽象是认识活动的必要特征。当具体特征抽象化使抽象概念完全空洞无物即无益于认识时,也只有这时,抽象才不再成为可能。

认识要求分解统一的生活过程。而统一的生活过程如此复杂,以致为研究起见必须将其分解为某些单独的现象数列。如果

① 施莫勒,见第123页。

② 施莫勒提出了学派的三个“基本思想”:“1)对发展观念的肯定;2)心理上和道义上的研究;3)与具有个性的自然规律相比,一个批判性的举止和行为就像是反对社会主义一样。”(见第123页)

仅仅因为创造经济生活的人运用语言相互交际而把语文学与经济生活要素同样地包括在经济生活研究之列，那么，研究经济生活的情况会如何呢？很明显，每一门科学都可以利用其他科学的成果，因为这些成果有助于理解该科学的自身对象。但在这种情况下，正是应从本门科学的角度去分析研究这些别的因素，这只是一些辅助材料，仅此而已。

因此，把不同种类的材料混为一谈，不仅不便于认识，而且相反，加深了认识的难度。除此以外，在最后一个发展阶段的"历史派"的研究中，其"心理—道义上的研究"采取道德评价和训诫的形式。完全与事无关的道德规范因素闯入以揭示因果关系为宗旨的科学之中(由此而称之为"历史伦理"学派)。[1]

由于历史学派的活动，出现了大量历史描述性质的著作：价格史、工资史、信贷史、货币史，等等。但价格和价值理论、工资理论和货币流通理论的研究无丝毫进展。其实任何人都清楚，这是两种完全不同的情形："的确，近 30 年来在汉堡或伦敦市场上的价格统计是一回事；而加利阿尼、孔狄亚克和李嘉图著作中所阐述的价值和价格一般理论则是另一回事"。[2] ……而否定"一般理论"恰

① 关于伦理学，迪策尔恰如其分地说："人们演说关于一个道义上的经济原理或者是经济历史，就像演说关于道义上的人类学或生理学等一样好。"(《理论上的社会经济结构学》，第 31 页)还见萨克斯：《国家经济体制的本质和责任》，维也纳 1884 年版，第 52 页。瓦尔拉斯也正是这样来嘲笑该理论中的"道德"，将道德说教的企图视同于企图"给几何学赋予精神上的涵义"。(瓦尔拉斯：《社会经济学研究》，1896 年，第 40 页)

② "Altra cosa e infatu la stansuca del prezzi sul mercati d'Amburgo di Lon-dra nell'ultimo trentennio, altra cosa la teoria generale del Valori e del prezzo quale si trova nelle opere del Caliani, del Condillac, del Ricardo"... (Iuigi Cossa:"Introduzione allo studio dell' economia politica", 5～e edixione, Milano 1892, p. 15).

恰是否定作为独立理论学科的政治经济学，是承认政治经济学的破产。

一般说来，科学可以给自己提出两个目标：或是描述在一定地点和一定时间内存在过的或现有的事物；或是努力推论出总是纳入公式的现象规则：如果有了A、B、C，下一个就必须是D。在第一种情况下，科学具有表意性；在第二种情况下，科学具有列线性。[①] 很明显，政治经济学理论属于第二种类型的科学，它把认识的列线任务放在首位。因此，历史学派以轻视态度来对待"一般规律"的推断，从而实质上毁灭了整个政治经济学。他们用表意性的"纯描述"将政治经济学取而代之，并将其溶解在经济制度的历史中和经济统计这一实质上是表意的科学之中。历史学派之所以不能把自己唯一正确的思想即发展的思想（Entwickelungsgedanke）纳入理论研究领域，正是由于这个原因，有如福音无花果一样没有结果。历史学派的积极意义在于为理论研究提供了资料，从这个意义上说，"历史派"的著作有十分大的价值：哪怕回想一下"社会政治联盟"（Verein für Sozialpolitik）在德国手工业、小商业、农业无产阶级等问题上所著的大量著作就行[②]。

① A.丘普罗夫建议使用该术语。见他的《统计理论概要》，圣彼得堡1909年版。类似的术语在普克姆和文德尔班那里涵义有所不同。

② 尤其详尽地研究了手工业。为什么？施莫勒的下述声明回答了这个问题："只有在有决心的中产阶级的维护下，才能使我们免受损失，违背政治发展规律而走向权力机关，只有他们才能经得住金钱利益上的和有第四等级存在的轮流交替掌管政权的考验，也只有他们才能维护那些受过教育和有思想的处于国家顶层的贵族阶层"（施莫勒：《关于社会政治学和国民经济原理的几个基本问题》，莱比锡1898年版，第5、6页）。

奥地利学派的创始者卡尔·门格尔对历史派给予完全正确的评价："有益的历史知识与我们的科学领域（门格尔是指政治经济学理论。——作者注）勤劳的但无系统的折中主义的外部联系，形成了它（即历史学派。——作者注）发展的出发点但同时也是最高点"。①

奥地利学派则完全是另一种情况。该学派是作为"历史主义"的强烈反对派出现在科学舞台上。资产阶级的新理论家在激烈的论战中充分揭露了自己先驱者的主要缺点，而这场争论在卡尔·门格尔与施莫勒之间的论战中最明显地表现出来。他们重新开始对理论家要求认识典型现象和"一般规律"（门格尔将其称之为"准确规律"，"exakte Gesetze"）。以庞巴维克为代表的奥地利学派在取得了对历史学派的一系列胜利后，转而抨击马克思主义并很快宣告它完全的理论破产。"马克思的理论不仅不正确，而且从理论价值的角度来看，该理论处于最末的位置之一。"这就是庞巴维克的评判。②

资产阶级思想家的新尝试③与无产阶级思想发生如此剧烈冲突，这并不奇怪。这种冲突的尖锐性及其必然性是由下述情况引

① 在我们的经济领域内，扎实的历史知识与细致的但却无向导的折中主义表面的结合构成了出发点，但同时也是他们发展的最高点。（卡尔·门格尔：《在德国国家经济结构中历史至上主义的错误》，维也纳 1884 年版，前言，第 1 页）

② 庞巴维克：《资本与利息》，第 517 页。

③ 关于这种新尝试，与社会主义毫无关系的 H. 迪策尔写道："霍霍夫曾说过，政治违背劳动价值的起因在于意志，而不在于理智，所以它们切合实际……"（《社会经济结构原理》，第 211 页）也是在同一页谈到了科莫尔任斯基以及奥地利人的中坚和庞巴维克的辩解。

起的:抽象理论的这种新尝试虽然在形式上与马克思主义相似,因为马克思主义也恰恰是运用抽象法,但实质上与马克思主义完全相对立。这种状况也同样说明,新理论是最后发展阶段之一的资产阶级,即其生活经验从而也包括思想体系最远离工人阶级生活经验的资产阶级的产物。

我们暂时撇开对"奥地利人"的进一步逻辑评价,以便以后再回到这个题目上来。我们这里试图描述新理论社会学评定的基本特征。

威尔纳·桑巴特在其最新的有关"资本主义精神"起源的书中[①]研究了企业家心理的特点,但他只是勾画了资本主义发展中的一个上升线条,在他眼里只有"第三阶层"的胜利前进,他看不到也没有研究退化的资产阶级心理。然而从他那里仍然可以找到这种心理的很有趣的例子,当然不是最近的例子。他就是这样来描述 17 和 18 世纪法国和英国"高级财政"的。

"这是一些大部分为资产阶级出身的很富有的人,他们作为包税者和国家债权人而发了财,现在却像菜汤中闪亮的油花一样漂浮着,对经济生活完全袖手旁观。"[②]

由于在 18 世纪的荷兰"资本主义精神"的衰落,资产者自然不会像在其他国家那样被"封建化",然而,如果可以这样表述的话,资产者开始患肥胖症,他养尊处优,对任何形式的资本主义企业的

① 威尔纳·桑巴特:《资产者》,慕尼黑和莱比锡,1913 年版。

② 《资产者》第 46 页中写道:"大部分有钱人都出身资产阶层,他们作为纳税佃农或者国家债权人而致富,并且就像漂浮在海绵汤上面的油泡泡一样远离经济生活而存在。"着重号是我们加的。

兴趣都越来越降低。①

还有一个例子。18 世纪下半期英国作家 Defoe 关于由商人形成食利者的过程写道："以前他（即商人。——作者注）首先应当积极和勤奋，以便为自己谋取财富；而现在他除了决定要成为懒惰和不努力之人（to determine to be indolent and inactive）以外，便无须做别的任何事情。无期有息公债和地产是他储蓄唯一合适的地方。"②

绝对不能认为这种心理与当代现实格格不入。恰恰相反。近几十年来资本主义异常迅猛的发展积蓄了巨大的"资本价值"。积累起来的剩余价值由于各种各样信贷形式的发展而流人到与生产没有关系的那些人手中。这些人的数量不断增加并正在形成一个完整的社会阶级——食利者阶级。这一类资产阶级当然尚未成为名副其实的社会阶级，它仅仅是资本主义的资产阶级队伍中的一个著名派别。然而它发展了某些只有它才具有的"社会心理"特征。随着股份公司和银行的发展，随着整个大规模的有价证券交易部门的建立，这个社会派别得以产生并得到巩固。其经济生活的范围多半是流通领域，主要是有价证券流通领域和证券交易所。但对于我们来说最重要的，是靠持有有价证券取得收入而生活的这类人中间，存在一系列的细微差别。而且不仅脱离生产领域，还

① "虽然资产者不再像其他国家的'封建主义'，但是正像人们所认为的那样，他们在变胖。他们靠着投资所产生的盈利生存。这种任何性质的资本主义企业的利益在不断地减少。"（见第 188 页）着重号是我们加的。

② "以前他们固然必须努力地积极地赚取财富，但现在他们却什么也不做，当他们变得懒惰和无所事事时，便作出决定，用他们的存款进行唯一正确的投资，那就是政府息金和地产。"（见第 201 页）着重号是我们加的。

脱离流通过程的阶层是极端的类型。这首先是那些固定牌价的有价证券即无期有息公债和各类债券等的持有者；然后是那些使用自己的资本购买土地和有经常性而又稳固收入的那些人。这里已经不存在交易所现实生活的恐慌。如果与投机活动密切相关的股票持有者每天可能丧失一切，或者相反，迅速向上升腾；如果他们因此而过市场生活，从交易所的积极活动到阅读交易所行情单和商业报，那么，具有固定收入的这一类人就会不再与社会经济生活的这一方面发生联系，他们就会退出流通领域。而且信贷体系越是强大发达，越是富有弹性，就越有"发胖"和"成为懒惰和不努力"的更大可能性。资本主义机制本身关注这些可能性，把相当数量企业家的组织者职能变得于社会无益，它同时从直接的经济生活中把这些"无用成分"抛弃，因为它们积存在经济生活的表面，按照桑巴特恰如其分的比喻，像"菜汤中闪亮的油花"一样。

同时需要指出，固定牌价证券的持有者已成为不仅没有日趋减少，而是不断壮大的食利者资产阶级阶层。"资产阶级变成食利者，他们与大金融机构建立起像与国家那样的相互关系。他们获得这些金融机构的债券，处处有人向他们付款，因而他们再也没有什么可担心的。因此，资产阶级将其财产转交给国家的意愿当然一定会急剧加强。国家同时表现出公认的十分可靠的优势。股票在任何情况下都具有公债券所不具备的那种利润机会，但它也因此而有输掉钱的很大可能性。必须指出，资产阶级虽然每年都生产出可观的剩余资本，但甚至在高度工业景气时期其中也只有为数不多的部分用于发行股票，绝大部分都用在国债、公用事业债务、抵押借款和能够带来固定利息的其他有价物上”。①

这个资产阶级阶层大都是寄生的资产阶级，它发挥了与“旧制度”末期瓦解的贵族阶层及当时的上层财阀相类似的那种“心理特点”。② 既与无产阶级，也与另一类资产阶级明显相区别的该阶层所具特点，正如我们所看到的那样，是它疏远经济生活。这个资产阶级阶层既不直接参加生产活动，也不直接参加商业活动，其代表人物甚至经常不靠剪息票生活。因此可以最概括地把这些食利者的“活动”领域确定为消费领域。消费是他们全部生活的基础，“纯消费”心理使这种生活具有其特殊的“风格”。“消费的”食利者面前拥有仅用于乘骑的马、地毯、香烟和托凯酒。如果他偶尔谈到劳动，那他最乐意谈的是摘花“劳动”或是花费在购买戏票上的“劳动”。③ 耗费在获取物质财富上的生产和劳动，均在其视野之外并因此而被看作是某种偶然的事，更谈不上真正的积极活动。全部

① “那些将要退休的资本家对于大的财政研究所来说，会产生一些类似的情况，即他们赚得国家债券，就像他们被付清工资一样，不再继续关心任何事情。因此资本家把财产交给国家的想法相当强烈，在这件事上，国家给予肯定并指出其优越性、可靠性。固然股票有赢利，国家有价证券没有认识到这点，但股票也有大的亏损可能性。资本家每年有可观的资本盈余是肯定的，但工业经济的繁荣很少，只有一小部分取决于股票，大部分都体现在国债、地方债务、抵押资金以及有固定利息价值的投资中。”帕鲁斯:《国家、工业和社会主义》，卡登·克姆普出版社，德累斯顿，第103—104页。

② 在桑巴特那里可以找到这些阶级的特点，见他的《腐朽与资本主义》，敦克和胡伯出版社，1903年，帕西姆，特别是第103、105页和以下各页。但所有这些并不妨碍日德断言:“无所事事只是十分明白的劳动分工而已”，因为“古代的人们认为必须使公民总是有时间从事公益性事业”(日德:《政治经济学原理》，舍伊尼斯译，帕夫连科沃出版社，圣彼得堡1896年版，第288页)。众所周知，“古人”因此也认为奴隶制是“必要的制度”和“十分明白的劳动分工”。可见，资产阶级经济学家在歌颂奴隶制方面一点儿也不比“古人”落后。

③ 这里仅仅引用庞巴维克举例说明自己价值理论时使用的例子。

心理被染上消极色调:这些资产者的哲学和美学是纯直观的,其中没有一点对于无产阶级思想体系来说是很典型的那种有积极作用的成分。而无产阶级正是处于生产领域,与“物质”直接碰撞,物质为它转变成为“资料”,成为劳动对象。无产阶级直接关注资本主义社会生产力的巨大发展,关注能够将更大量的商品抛向市场的不断发展的新机器技术。这些商品的价格在市场上越是降低,技术完善过程就越广泛和深入。因此对于无产者来说,他的生产者心理是特有的。相反,消费者心理——这是食利者生活的基本特征。

其次,我们从上面看出,我们所说的那个社会阶级是资产阶级退化的产物,其退化也是由于资产阶级丧失社会有效职能而造成的。当该阶级处在生产过程以外时,它“在生产过程中”的这种特殊地位导致形成一个独特的社会类型,其特点可以说是具有结合性。如果说资产阶级自幼浸透了个人主义,因为其生活基础是与其他人作斗争以求得在残酷竞争中独立生存的基层经济组织,那么,食利者的这种个人主义就更加严重。食利者完全脱离社会生活,他站在社会生活以外;社会联系崩溃,甚至阶级的共同任务也不能把分散的“社会原子”连结起来。他们不仅对“资本主义企业”,而且对整个“社会”的兴趣都在消失。这个阶层的思想体系就其必要性来说是完全从个人主义出发的;它的美学尤为突出地表现了这种个人主义:所涉及到的社会题材的一切,都是“无艺术表现力的”、“粗糙的”和“带有偏见的”。

无产阶级的心理则完全不同。它将自身源于的那些阶层即城市和农村小资产阶级的个人主义糟粕从自身很快剔除。关在大城市牢房里的和集中在共同工作与共同斗争的无产阶级，养成了集体主义心理和最大限度地感觉社会联系的心理。只有在无产阶级尚未作为特殊阶级形成的最早发展阶段，个人主义的趋向才是明显的，而后便消失得无影无踪。因此，无产阶级这里是朝着与食利者资产阶级的发展直接对立的方向发展。如果无产阶级的心理是作为集体主义心理而形成的，那么，个人主义意向的发展就是资产阶级的基本特征之一。膨胀的个人主义是食利者的第二个突出特点。

最后，食利者与一切资产者一样，其第三个特征是害怕无产阶级，害怕即将来临的社会灾难。食利者不能向前看，相反，其"处世哲学"仅限于"抓住时机"这样一个口号；其视野不能超越现时。如果食利者"思考"未来，那么，他也只是按现时的形式来构筑未来。他或是不能从心理上想象这个像他那样的人会从自己的有价证券中一无所获的时代；或是惊恐地对该情形置之不顾，逃避未来并尽量不在现在看到未来的萌芽。他的思维完全是非历史主义的。无产阶级的心理与这类思维的保守性毫无共同之处。不断展开的阶级斗争向无产阶级提出了战胜现有社会经济体制的任务。无产阶级岂止是不愿意维持社会原状，而相反是要破坏这种社会原状。无产阶级在很大程度上是着眼于未来，甚至用未来的观点评价现在的任务。其全部思维尤其是科学思维因而具有明显表现出来的动态历史特征。这就是食利者心理和无产阶级心理的第三种对立。

直接源于自身的"社会存在"的食利者"社会意识"的这三个特点，还反映在"意识"的高级阶段，反映在食利者的科学思维中。心理总是逻辑的基础：感知和情绪决定着思维的总倾向，决定着借以对周围的实际进行研究和逻辑加工的那些观点和看法。如果孤立地拿出某种理论的个别观点，即使进行最细心的分析，该论点也未必能揭示社会真情。若是我们将该理论体系的特征及其总视角划分出来，那么，社会真情总是清楚的。这时，每个个别论点作为总链条的必要环节，就会获得新的意义。这个总链条就会充满某个阶级或某个社会集团的现实经验。

如果我们现在研究奥地利学派，包括研究该学派最杰出的代表人物庞巴维克，就会发现，在这里，食利者的上述心理特性在逻辑上与其一脉相承。

首先，始终推行的消费观点首次登场。商业资本（重商主义）时代形成的资产阶级政治经济学的初期发展阶段，其特点是从交换的角度来研究经济现象。马克思写道："不是把生产方式的性质看作和生产方式相适应的交易方式的基础，而是反过来，这是和资产阶级眼界相符合的。"①随后的阶段是与当时的时代相适应的，那时资本成为生产的组织者，成为这些关系的思想表现。还曾有一个"古典学派"，该学派正是从生产的观点（斯密和李嘉图的"劳动理论"）开始研究经济问题的，并将理论研究的重心转向这个方面。无产阶级政治经济学从古典学派那里继承了这个观点。相反，资产者食利者把首先解决消费问题作为自己的任务，而消费观

① 马克思：《资本论》第2卷，人民出版社1975版，第133—134页。重商主义者中理论与实践之间的联系特别明显，因为那时杰出的思想家又都是杰出的实践家。例如，格莱辛曾是伊丽莎白女王的顾问；托马斯·曼曾是著名的东印度公司的理事会成员；达德利·诺思是当时在国际范围内从事大规模贸易的巨商之一，等等。见翁肯：《政治经济学史》。关于作为研究出发点的交换见卡·普利伯拉姆：《古代政治经济学原理中的平衡观点》，载《国民经济杂志》，《社会政治和管理》第17卷，第1页。

点则是奥地利学派及其类似流派的最基本、最典型和最新的理论观点。如果以前刚刚出现一种理论，而“奥地利人”的理论是该理论的继续，那么，把消费和“福利”的使用价值作为分析基础的那些理论，在正式科学中终究从未取得这种普遍的成就。只是最新的发展才为这些理论在现代资产者的食利者心理上建立了稳固的基础。①

膨胀的个人主义也在新派别“主观心理的”方法中找到完全相同的情形。诚然，资产阶级的理论家们以前也坚持个人主义的立场，他们总是热衷于“鲁滨逊式”，甚至“劳动理论”的拥护者们也从个人主义出发来论证自己的观点：劳动价值在他们那里不是社会的“客观的”价格规律，而是“经营管理主体”的主观评价，该主体评价事物取决于自己劳动努力的不愉快程度的大小（例如，比较一下斯密）。只有马克思的劳动价值论才具有不以现代制度代表者的意志为转移的调节商品交换的社会“自然”规律的性质。但尽管如此，只是现在在奥地利人的学说中，政治经济学中的心理主义即经济个人主义才得以论证，得以最完整和彻底的理论阐释。②

最后，害怕变革表现为边际效用理论的拥护者们极其憎恶整个历史上发生的事情。他们的经济范畴（按作者们的见解）适用于一切时代、任何时代。而对于作为某种特定历史范畴（马克思的观点）的现代资本主义生产的发展规律的研究却只字不提。相反，诸

① 应把上述情景看成是一种模式，即是能够推定最重要方面和省略某种程度上次要方面的一种结构。特·卡乌拉在其《现代价值理论的历史发展》一书中试图分析奥地利学派的起源，但他绝对不懂文中所提及现象的意义。

② 见阿尔伯特·沙茨：《社会和经济个人主义》，1907 年，第 3 页注释。

如利润和资本利息等现象则被认为是人类社会生活永恒的必需品。这里已是十分清楚地在为现代关系作辩解。理论认识的要素越弱，资本主义制度辩护士的呼声就越高。“因而，资本利息（即利润。——作者注）的本质中除了使其变得不公正或受到谴责而外，再也没有什么”。这就是庞巴维克大量研究的最终结果（和目的，这是我们认为的）。[①]

我们将“奥地利”理论视为已经从生产过程中被抛弃的资产者的思想体系，这个正在衰落的资产者将其腐朽心理的特征永远地体现在自己的——正如我们下面将要看到的——在认识上毫无用处的理论上。与这种观点丝毫不相矛盾的情况是，在现代科学转变中，由奥地利人提出的那种边际效用理论本身正在被更时髦的“英美学派”所取代。该学派的最杰出理论家是克拉克。资本主义发展的现阶段是资本主义世界全部力量最后集中的时代。资本转化为“金融资本”[②]的经济过程重又把以前袖手旁观的一部分资产阶级吸引到生产领域（因为银行资本成为产业资本并变成生产的组织者），托拉斯的组织者和领导者便是这样的一些人。这是相当活跃的一类人，其政治思想体系是战斗的帝国主义，而其哲学则是有效的实用主义哲学。这类人所浸透的个人主义要少得多，因为他们是在企业家组织中成长起来的，而企业家组织终究还是一个个人意志在一定程度上退居次要地位的集体。与此相关，这类资产阶级人物的思想将区别于食利者的思想。该思想重视生产，

① 庞巴维克：《资本实证论》第3版，第1卷，第574页（“利息的本质并不趋向于要求它显得不合理、不公平”）。

② 我们采纳希法亭的术语，见他的《金融资本》一书，特别是第282—284页。

甚至采用“社会有机”方法来研究整个社会经济。[①] 美国学派乃是进步的而绝非是衰落的资产阶级的产物。从现有的两种趋势即持续上升和开始衰败趋势看，美国学派只表现出第一种趋势。难怪该学派充满了美国精神，充满了资本主义歌颂者桑巴特所讴歌的那个国家的精神。他说：“资本主义精神在萌芽时期所具有的一切，目前在美国得到最充分的发展。这里资本主义精神的力量暂时尚未耗尽。这里至今仍然是风暴和漩涡。”[②]

因此，这类食利者正是一类极端的资产者，而边际效用理论则是这类人的思想。因此，从心理的角度看该理论更有意思，正如从逻辑角度看更有意思一样，因为很清楚，美国人对该理论是折中主义者。也正因如此，奥地利学派具有资产阶级极端型的思想，是与无产阶级思想完全对立的：客观主义—主观主义、历史观点—非历史观点、生产观点—消费观点，这就是马克思和庞巴维克之间在方法论上的区别。下文还将进一步从逻辑上分析作为理论基础的这种方法论上的区别，然后分析庞巴维克的整个理论结构。

我们只得说一说“奥地利人”的先驱者。

我们已在孔狄亚克的《贸易与政府》(1795 年)中找到未来“边际效用理论”基本思想的论述。孔狄亚克竭力强调价值的“主观”

① 见从奥地利人的理论观点出发对美国人的分析评论，熊彼特：《统一国家中的新经济原理》，载《德意志帝国关于立法、管理及国民经济年刊》，出版者：施莫勒，第 34 年度，第 3 期，尤其是第 10、13、15 页。

② 桑巴特：《资本者》，第 193 页：“今天由资本主义思想所导致的一切结果是，在统一国家里这所有的一切都得到了高度发展。在此期间，他们的努力也没有衰退，但同时也出现了一些动荡。”不要忘记，甚至有许多美国亿万富翁尚未来得及“精神衰老”。

性，价值在他那里不是价格的社会规律，而是一方面以有用性(utilité)，另一方面以稀缺性(rareté)为基础的个人判断。该作者是如此十分"现实地"提出问题，以至于在"现时"需求和"未来"需求("besoin présent et besoin éloigné")①之间也作了划分。众所周知，在"奥地利人"的最主要代表人物庞巴维克那儿，这种划分在由价值理论向利润理论的转化过程中发挥着基本的作用。

大约是在同一时期，我们在意大利经济学家韦里伯爵那里也发现了类似的思想。② 他也把价值看作是有用性和稀缺性的统一。

1831 年出版了奥古斯特·瓦尔拉斯即著名的里昂·瓦尔拉斯之父的《财富的本质与价值的起因》一书。书中作者使价值摆脱有效福利的稀缺性，并批驳了仅仅注重形成"财富"的物品的效用那些经济学家们的观点。就基本思想的逻辑性和清晰度而言，该书会更加得到新派别拥护者们的推崇。

1854 年，戈森特别清楚地对边际效用理论作了详细论证，在其《人类交换规律与人类行为准则的发展》一书中对该理论作了精确表述。戈森不仅探索到"新途径"，而且对自己的理论作了深思熟虑和尽善尽美的阐述。奥地利人(门格尔)通常描述的许多原理，都已由戈森作了提炼加工，因而应当认为戈森才是边际效用理论的奠基人。戈森的这本书全然没有引起人们的注意，若不是 70 年代作者再次被发现，他也险些被人们完全遗忘。而且，与戈森思想相类似的那些思想的后来追随者们立刻承认，戈森是学派的"创

① 孔狄亚克:《贸易与政府同样重要》，巴黎，1795 年，第 6—8 页。

② 见法文译本:韦里伯爵对政治经济学或对货币价值和使其利率降低的方法的论述，以及对银行、贸易收支、农业、人口、税收等的论述。巴黎(特别是第 14—15 页)。

始人”(戈森本人对自己的著作评价很高,把自己称为是政治经济学领域的哥白尼)。

大约同时在英国、瑞士和奥地利,斯坦利·杰文斯、里昂·瓦尔拉斯和卡尔·门格尔的著作奠定了新学派的稳固基础。他们也对自己被遗忘的先驱者的这本书给以注意。① 戈森的著作究竟有何意义,从杰文斯和瓦尔拉斯对他的评价中便可十分清楚地看到。杰文斯在论述戈森的理论时写道:“从该论述可得出结论,无论是在经济理论的一般原理,还是在经济理论的方法上,戈森都完全超过了我。我可以断言,他阐释理论基础的方式方法甚至比我的更加概括,更加深刻。”②

瓦尔拉斯也作了类似的评论,他写道:“这里说的这个人,是一位完全没有引起人们注意的人,但我认为他曾是当时最有影响力的经济学家之一。”③然而戈森终究未能促成新学派建立。新学派

① 杰文斯的书于1871年出版(斯坦利·杰文斯:《政治经济学理论》,伦敦和纽约1871年版);门格尔的书也于那年出版(卡尔·门格尔:《国民经济学原理》,维也纳1871年版);最后,瓦尔拉斯的《交易的数理原理》也在《经济学者采访》于1874年发表。关于“次序”,见瓦尔拉斯与杰文斯之间的信函。这些信函由杰文斯在《社会财富的数学理论》,洛萨纳,1883年,第26—30页中引用。

② 见里昂·瓦尔拉斯:《社会经济学研究》一书(洛萨纳—巴黎,1896年版)和《一位陌生的经济学家》一文,在这些著述中,引用了杰文斯的这个评论:“Il ressort de cette exposition que Gossen m'a complètement devancé quand aux principes généraux et à la méthode de la théorie économique tant que je puis l'entrevoir, sa manière de traiter la théorie fondamentale est même plus générale et va plus au fond, que la mienne.”第360—361页。

③ “Il s'agit d'un homme qui a passé complètement inapercu et qui est à mon sens, un des plus remarquables économistes qui aient existé.”(见里昂·瓦尔拉斯:《社会经济学研究》一书,第354—355页)

是与后来的经济学家的著作一同产生的。只是从上一世纪的70—80年代开始，效用论才在占统治地位的科学界的社会思想中得到足够的支持，并很快开始成为共同的信念。强调政治经济学的数学性质和数学方法的杰文斯学派尤其是瓦尔拉学派，开始提出与奥地利理论有些区别的一系列思想，以克拉克为首的美国学派也是如此。"奥地利人"在分析消费的基础上提出了最纯正和明确表述的主观主义（心理主义）理论。成为"奥地利"理论最卓越代表者的责任同时落在了庞巴维克的肩上。他批评马克思主义，系统批判所有比较重要的利润理论，从学派的角度对价值理论作了一个最好的论证，终于根据边际效用理论几乎是重新建立了分配理论。庞巴维克是学派公认的领袖，而该学派实质上过去和现在都不是奥地利学派（正如我们通过简略介绍先驱者所看到的那样）。相反，奥地利学派成为国际食利资产阶级的科学工具。只有奥地利学派的发展赋予"新"潮流以支撑点，而在此以前只存在科学的"单干者"。资本主义的飞速发展，社会派别的变化和食利者的增加，在19世纪的最后几十年为使弱小的萌芽变成多瓣的花朵创造了全部社会心理前提条件。食利者、国际食利者把庞巴维克看作是自己的科学领袖，把他的理论看作与其说是与资本主义发展的自发力量作斗争，不如说是与愈加可怕的工人运动作斗争的科学工具。因此，我们从庞巴维克来批判这一新工具。

第一章　边际效用理论和马克思主义理论的方法论基础

1. 政治经济学中的客观主义和主观主义。2. 历史观点和非历史观点。3. 生产观点和消费观点。4. 小结。

每个稍些严整的理论都具有某种统一性，其各个部分之间都由坚实的逻辑链条紧密相连。因此，进行彻底批判必然会碰到理论基础及其方法问题，因为正是理论方法才把整个理论体系的个别原理联系在一起。因此，我们从批判边际效用理论的方法论前提着手，绝不是影射该理论的演绎性，而是指出它在抽象演绎法范围内的特点。任何经济理论既然是一种理论，对于我们来说都是抽象的，这里马克思主义与奥地利学派是完全相吻合的。① 但这

① 马克思在《资本论》第一卷的序言中将自己的方法称为古典学派演绎法。但是像历史派别的代表人物那样，认为一切抽象规律与具体的实际毫无共同之处，也是荒谬的。奥地利学派的代表人物之一萨克斯这样说道："精确的科学规律，一个具有高度性和普遍性的归纳结果是：它是作为这些推论的出发点，而不是作为一些先天就存在的公理。"(《民族经济和统计学年刊》，1894 年第 3 期，第 8 册，第 116 页)对这一方面的详细评论见阿蒙的《民族经济规律性的客观现象和基本概念》，维也纳和莱比锡，1911 年版。

种吻合是纯形式上的。若没有这种吻合，甚至不可能把奥地利人的学说与马克思的学说作为理论相比较。我们这里感兴趣的是奥地利学派所固有的并使其与马克思主义尖锐对立的那种抽象方法的具体表现。问题在于，政治经济学是社会科学，其基础是对社会及其一般发展规律的这样或那样的认识。经济学家们能否意识到这一点，在此种情况下对我们并不重要。换言之，任何一种经济理论的基础都包含有某种社会学性质的前提，并从该前提出发来研究社会生活的经济方面。这些前提条件可能是明显的或模糊的，也可能是成系统的或“不确定的观点”，但前提条件总是应当存在。马克思主义的政治经济学在历史唯物主义的社会学理论中就有这样的根基。至于奥地利学派，它没有完整的和多少比较真实的社会学基础理论，该理论萌芽源自奥地利人的经济理论。而且应当指出，这里有关“国家经济”本质的一般原理，时常与确实作为奥地利人经济理论基础的原理发生冲突。[①] 因此，我们将注意力主要集中于这后一种原理。经济科学的下列社会学基础是马克思主义特有的：承认社会比个人占首要地位，承认一切经济结构的历史暂时性，最后，承认生产的主导作用。相反，奥地利人的特点是推崇方法论上的个人主义和非历史观点，认为对消费的分析是最重要的。我们在“序言”中试图对奥地利人与马克思主义之间的这种根本分歧加以社会起源方面的阐释：这种分歧，更确切地说是这种对立，曾被我们描述为是社会心理方面的对立。这里我们则力求从逻辑方面对其加以分析研究。

---

① 例如，见门格尔：《调查与研究》的第259页，这里给出了相当正确的定义，具有真实的理论出发点。在利夫曼的《关于经济科学客观现象的本质与任务》(康拉德年刊，13，第106页)中，边际效用理论也有其充分的自我认识。

1. 政治经济学中的客观主义和主观主义

威尔纳·桑巴特在其关于马克思《资本论》第三卷的一篇著名文章中，把政治经济学中的两种方法即主观方法和客观方法互相对立，把马克思的体系说成是“极端客观主义”的表现。相反，按照桑巴特的观点，奥地利学派则是对对立派别的“最彻底的发展”。[①] 我们认为，这个评述是完全正确的。实际上，研究一般社会现象，其中包括经济现象可以采取两种方法：一方面，可以认为，科学应当以分析作为某种整体的社会为出发点，而该社会无时无刻不在决定着个别经济生活的现象。在这种情况下，其任务是揭示存在于社会制度各种不同现象之间并决定着个别现象的各种各样的联系和规律。另一方面，可以认为，科学应以分析个别生活的规律性为出发点，因为社会现象是个别现象的某种结果。在此种情况下，其任务是将社会经济现象和规律从个别经济生活现象和规律中分离出来。

从这个意义上说，无论是在社会学还是在政治经济学中，马克思无疑是“极端客观主义者”。因此，必须把马克思的基本经济学说即“价值学说”与古典学派尤其是斯密的价值学说严加区分。斯密的劳动价值建立在按所耗费劳动的数量和质量而对财货进行个

① 桑巴特：《对卡尔·马克思经济体系的批判》，载《关于社会福利的立法和统计学的案卷》第7卷，第591—592页。还见利夫曼“未来方法学的主要问题对我来说似乎是个人主义和社会指导方法的对立，或者是个人的和国民经济观点的对立”。我们建议读者注意利夫曼的著作，是因为该著作最彻底和最有意识地采用个人主义的方法。

别评价的基础上，这是主观的劳动理论。马克思则相反，他的劳动价值是客观的即社会的价格规律，因而他的理论是客观的劳动理论。该理论根本不是以任何个别评价为基础，而仅仅反映社会生产力提高与市场上确定的商品价格之间的联系。[①] 桑巴特正好以价值和价值理论为例证很好地阐明了这两种方法的区别。他说：马克思根本就没有想到要研究交换者的个人动机或从计算生产费用出发。没有。他的思路是这样的：价格是竞争形成的，而如何形成则未受人注意。但竞争同样受利润率调节，利润率则由剩余价值率调节，这后者又受本身是社会制约因素的表现和社会生产力表现的价值来调节。这在体系中表现为相反的序列：价值—剩余价值—利润—竞争—价格。如果我们想用一句话表述，那我们可以说：马克思从来没谈过动机，却总是只讲限制，在这种情况下是指限制经济主体的个人意愿。[②] 相

① 例如，见斯密：《国民财富的性质和原因的研究》，伦敦，1895 年版，第 1 卷，第 129 页："可以说，在所有时间和地点，同等数量的劳动对劳动者的价值都是相同的。在正常的健康状况、体力、精力以及正常的劳动技能和熟练程度的条件下，劳动者总是需要放弃同等的闲暇、自由和幸福。"可以列举一系列类似的引文。鉴于此，与考茨基论战的卡拉索夫的论点是完全不正确的："对于我们来说不存在重大的疑问，即古典流派关于价值规律的学说完全不是个人主义的，而是一个坚定的社会观点，完全就像马克思自己所维护的观点……"（见卡拉索夫：《马克思主义思想体系》，柏林 1910 年版，第 253 页）另一方面，该作者的下述论点完全正确，即在马克思主义者的著作中对马克思的理论存在着主观主义的解释。但这完全是另一类问题。

② "马克思似乎不这样想努力寻找交换的个人动机或者是只以生产成本预算为出发点。是的，他的思路是这样的：通过竞争来制定价格，就像某事尚未确定一样。但是它们这方面的竞争是由于利润率，利润率又由于剩余价值率，两者又由于价值自身有保留事实的标志，即有规律的社会生产力。这在体系中出现了一个相反的顺序，即价值—剩余价值—利润—竞争—价格以及我们所常说的，在马克思时期从未涉及到动机而总是讲限制，这就是指限制经济主体的个人意愿。"（桑巴特，第 591 页，着重号是我们加的）

反，在主观学派那里“到处都把个人经济行为的动机作为体系的核心”。[①]

这种区别十分正确。事实上，在当时，马克思“把社会运动看作受一定规律支配的自然历史过程，这些规律不仅不以人的意志、意识和意图为转移，反而决定人的意志、意识和意图”。[②] 对于庞巴维克来说，分析的基点是经济主体的个人意识。

他写道：“社会规律（研究社会规律是政治经济学的任务）是相互间协调一致的动机的变化结果……既然如此，解释社会规律时就必须弄清决定个人行为的主导动机或将这些动机作为出发点，这是毫无疑问的。”[③]因此，客观方法和主观方法的对立就是社会方法和个人主义方法的对立。[④] 但需要对上述两种方法的定义作更明确的描述。首先要，第一，清楚确定马克思所说的不以人的意志、意识、意愿为转移的那种独立性；第二，清楚确定成为奥地利学派出发点的那个“经营个体”。马克思在《哲学的贫困》中写道：“这些一定的社会关系同麻布、亚麻等一样，也是人们生产出来的。”[⑤]但绝不能由此得出使社会结果、使马克思所说的那个“产品”作为目的或作为主导动机进入个人意识中这一结论。按无政府主义建立的现代社会（而政治经济学理论正

① “经济交易中的动机成为体系中的核心。”（桑巴特，第 592 页）

② 马克思：《资本论》第 1 卷，人民出版社 1975 年版，第 20 页。引用的这段话摘自马克思本人曾援引的考夫曼的评论。马克思完全同意这个评论。

③ 庞巴维克：《经济福利的价值理论原理》，萨宁译，圣彼得堡出版社，第 116 页。还见门格尔：《关于社会科学方法的调查》，及利夫曼第 1 卷，第 40 页。

④ 见施托尔茨曼：《国民经济理论的作用》，柏林 1909 年版，第 59 页。

⑤ 《马克思恩格斯全集》第 4 卷，人民出版社 1958 年版，第 143—144 页。

是研究这种社会)以其市场自发力(竞争、跌价和涨价、交易所等)提供了下述思想的无数例证,即"社会产品"主宰着自己的创造者,单个的(但不是孤立的)经营主体的动机结果不仅不符合这些动机,而且还可能与其发生尖锐的矛盾。[①] 这种现象以价格形成为例就能得到十分清楚的解释。许多买主和卖主是以对自己和别人的商品的某种(大致的)评价进入市场关系领域,并由于他们的竞争而确定一定的市场价格,但该价格与绝大多数订约人的个人估价根本不相符。更何况,这确定的价格对于许多"经济主体"来说简直就是致命的,他们在低价的压力下被迫中止自己的企业经营活动,他们正在"破产"。这种现象在有价证券市场上表现得更突出,交易所角逐的全部"狂热"就以此为基础。在对于现代社会经济组织很典型的所有这些情况下,可以说社会现象"独立于"人的意志、意识和意愿。但这种独立性全然不是两个相互毫无共同之处现象的绝对独立。如果认为人类历史不是通过人的意志,而是不经过人而创造的(这种"对历史的唯物主义理解"是对马克思主义进行资产阶级丑化),那是可笑的。相反,个人行为和社会现象这两类现象在形成过程中相

① 已经有这样一种情况使对社会如对"专项教育"的目的论观点完全破灭,"这即是施托尔茨曼卖力深入研究的观点。"无论是在自然界现实中还是在人的关系中都见不到目的、系统培训、保存和节省力气(维珀教授:《历史认识论论文集》,莫斯科1911年版,第162页)。还可见恩格斯对结果"独立于"个人行为的精彩描述(《路德维希·费尔巴哈》,普列汉诺夫译,日内瓦1905年版,第39—40页)。利夫曼在其批判"社会的"即客观的方法时,恰恰抓住批判目的论观点不放,并断言,该理论观点对这种方法的任何一个拥护者都是逻辑上必须的。利夫曼甚至指责马克思主义者(例如希法亭)搞目的论,然后轻松战胜目的论。实际上,马克思主义者指的是社会,是无主体体系。

互紧密相连。对这种“独立性”仅仅应从下述意义上理解，即个人行为的客观化结果单独控制着自己的每一个部分，“产品”主宰自己的“创造者”，而且在任何一个当前时刻，个人意志决定于已经形成的单个“经济主体”意志关系的结果：在竞争中获胜的企业家或破产的银行资本家，虽然他们以前曾是有名望的活跃人物，是社会过程的“创造者”，但该社会过程最终会反过来反对他们自己，他们都得被迫退出战场。① 这种现象是商品经济范围内经济过程的非理性和“自发性”的表现，这在马克思首次揭示并由他作出色分析的商品拜物教心理中清楚地表现出来。这就是，在商品经济中发生着人们之间关系的“物化”过程，而且这些“物质表现”由于发展的自发性而开始过一种特别的“独立”生活，这种生活服从于特殊的只有该生活才特有的规律。

这样，我们有各种不同的个性现象排列并由此形成社会性现象的排列。毫无疑问，无论是在这两个范畴(个性和社会性)之间，还是在一个范畴的不同排列之间，特别是在处于相互依存的社会现象不同排列之间确实存在某种规律性。确定社会制度不同现象之间的规律性联系，正是马克思的方法。换言之，马克思研究的是

① 司徒卢威写道：“在经济交往中，总是通过经营主体对其他这类主体的关系来观察经营主体本身，而跨经济的范畴(即商品经济范畴。——布哈林注)表现这些关系的客观(或客观化)结果：其中没有什么“主观的东西”，尽管客观结果源于“主观结果”。另一方面，在这些关系中也并不直接反映经营主体对自然界和对外部世界的关系，其中没有什么“客观的东西”或从该意义上说是“自然的东西”(司徒卢威：《经济与价格》，莫斯科 1913 年版，第 25、26 页)。司徒卢威先生另一方面在援引价值理论中的“自然主义”成分(劳动的凝结物)的同时，得出了自然主义成分与“社会学”成分之间矛盾的结论。

个人意志结果的规律性，但并不研究个人意志本身。他研究社会现象的规律性而不管社会现象与个人意识方面的现象有何联系。①

我们现在看一看庞巴维克的“经营个体”。

在自己关于门格尔一书（研究等）的一篇文章中，庞巴维克不仅对奥地利学派反对者，而且对门格尔本人的下述观点均表示完全同意，即“经营个体”和新派别的代表人物是社会的原子。新学派的任务是“推翻作为社会科学理论研究主要方法的历史方法和有机方法，……恢复精确的原子论派别（着重号系我们所加。——尼·布哈林注）”。②

这里，分析的出发点不是与自己的“同类人”具有社会联系的

① 司徒卢威把这类“普遍论者的”方法与逻辑现实主义紧密联系（与接近于逻辑学中唯名论的“奇异”方法相反）。他写道：在社会科学中，现实主义思想倾向首先表现在，人们之间的社会心理关系体系本身不仅被看作是一个现实整体，被看作是总和或（！）体系，而是作为有生命力的特殊统一体，作为有生命的东西在人们的思想中体现。像社会和阶级这样的概念是或者至少容易成为（！！）社会学思维的“共相”。所有这些应当用来证明马克思的研究方法没有用处，司徒卢威将这种方法与“黑格尔和经院哲学家们的逻辑本体论的唯实主义”混为一谈（见第26页）。然而十分清楚，马克思都没有暗示要把社会和社会派别看作是“有生命的东西”（“有生命力的统一体”这一表述并没有什么别的，只是更加模糊）。在这方面，只要把马克思的方法哪怕是与“社会有机”派别的方法相比较就足以说明问题，施托尔茨曼的著作就是这一派别的最新表现。马克思本人非常清楚地意识到黑格尔逻辑唯实主义的错误：“黑格尔陷入幻觉，把实在理解为自我综合、自我深化和自我运动的思维的结果，其实，从抽象上升到具体的方法，只是思维用来掌握具体并把它当做一个精神上的具体再现出来的方式。但绝不是具体本身的产生过程。”《马克思恩格斯选集》第2卷，人民出版社1972年版，第103页。

② “历史的和有机的方法作为存在着的理论研究方法出现在社会上，恢复科学的和精确的原子论派别。”（庞巴维克，见《关于当代私人和公开权利的杂志》，维也纳1884年第11期，第220页）

该社会的个人，而是鲁滨逊式与世隔绝的"原子"。庞巴维克为证明自己的论点所引进的那些例子完全符合这一概念。

我们的作者是这样开始自己对价值的分析的：①"在水量充足的适于饮用的水泉边坐着一个人，然后从我们面前走过的有：荒漠旅行者、②与全世界隔绝的农业主、③其小木房孤零零地处在原始森林中的移民"，④等等。这样的例子我们在门格尔那里也见到过："原始森林的住户"、⑤"绿洲的居民"、⑥"孤岛上的一个近视者"、⑦"与世隔绝的庄稼人"、⑧"遭受船舶失事者"，⑨等等，等等。

我们这里看到的还是"最甜言蜜语的一位"经济学家巴师夏曾经清楚表述的那种观点。他在自己的《经济和谐》一书中写道："经济规律单独地发挥作用，是否是指许多人的总和，是指两个人甚或是环境迫使过与世隔绝生活的一个人。一个人如果能与世隔绝地生活一段时间，那他一下子就会成为资本家、企业家、工人、生产者和消费者。一切经济进化就都会在他身上发生，他在观察经济进化的每一个组成部分——需求、努力、满足、免费效用和顶得上劳动的效用时，可以从整体上形成全部机制的概念，并用最简单方式

① 庞巴维克：《经济福利的价值理论原理》，第 14 页。
② 同上书，第 14 页。
③ 同上书，第 23 页。
④ 同上书，第 45 页。
⑤ 门格尔：《国民经济学原理》，维也纳 1871 年版。
⑥ 同上书，第 85 页。
⑦ 同上书，第 95 页。
⑧ 同上书，第 96 页。
⑨ 同上书，第 104 页。

表述出来”。①

以前，“我断言，如果政治经济学能够彻底证明，对(一个)人是正确的，则对社会就是正确的这一点，那么政治经济学就能达到自己的目的并履行自己的使命”。②

杰文斯的原话也是这样说的：“政治经济学规律的一般形式无论对个人还是对民族都是一样的”。③

但不管该观点是陈旧还是受人重视，它是绝对不正确的。社会不是(正如这里有意或无意认为的那样)单个人的数量相加，相反，个人的经济活动先要有一定的社会环境作为条件，在这种社会

① 巴师夏：《经济和谐》，布鲁塞尔，1850 年，第 213 页：“Les lois économiques agissent sur le même principe, qu'il s'agisse d'une nombreuse agglomération d'hommes, de deux individus, ou même d'un seul, condammé par les circonstances à vivre dans l'isolement. L'individu s'il pouvait vivre quelque temps isole serait à la fois capitaliste, entrepreneur, ouvrier, producteur et consommateur. Toute l'évolution économique s'accomplirait en lui. En observant chacun des élements, qui le composent: le besoin, l'effort, la satisfaction, l'utilité gratuite et l'utilité onéreuse, il se ferait une idée du mécanisme tout entier, quoique reduit à sa plus grande simplicite.”

② “...J'affirme que *l'économie politique* aura atteint son but et rempli sa mission quand elle aura définitivement démontré ceci: Ce qui est vrai de l'homme est vrai de la société”(巴师夏，第 74 页)。应当指出，巴师夏是把与世隔绝的人作为方法论上有用的抽象来谈的。从历史的角度对他来说这个人是“卢梭不会实现的幻影”(还见第 93、94 页)。

③ “就个人和国家而言，经济规律的一般形式是相同的。”斯坦利·杰文斯：《政治经济学理论》，伦敦和纽约，1871 年版，第 21 页。在“数学家”和“美国人”那里这种情况很大程度上正在消失，见瓦尔拉斯：《社会经济学研究》(社会财富分配理论)，洛萨纳—巴黎，1896 年版：“在没有直接补充说明个人也是社会状况的基础和中心的前提下，不应该说个人是整个社会的基础和归宿”(第 90 页)。克拉克则充满客观主义，但例如从美国经济学家托马斯·尼克松·卡弗的这个定义中看来仍意识不到这一点：“我们遵循的方法是对控制人们工商业活动的动机进行分析性研究。”(《财富分配》，纽约，1904 年版，第 15 页)但另一方面是那位卡弗的“客观体现”价值理论。

环境中表现着单个经济的社会联系。一个与世隔绝的人，他的动机与作为"一个社会动物"的人的动机是迥然不同的，因为对于第一种人来说，他的外部环境仅仅是自然界，物质世界处在原封不动的状态中。对于第二种人来说，外部世界不仅仅是"物质"，而且还包括特殊的社会环境。只有经过这个社会环境才能从一个与世隔绝的人转向社会。实际上，如果我们只有单个经济的总量，而它们之间又没有任何共同点，就不会有洛贝尔图斯所恰当称为"经济交往"的那种特殊环境，那我们就不会有社会。当然，从理论上说可以用统一的概念来囊括分散的和与世隔绝经济的简单数量，将其压缩成一个"总体"。但该总体与社会这一作为相互紧密联系并处于不断相互作用中的经济制度所具有的总和相比，完全是另一回事。同时，在第一种情况下，这种联系是我们自己创造的，在第二种情况下，该联系是实际赋予我们的。[①] 因此，只能是将单个的"经济主体"视为社会经济体系的一员，而不是作为与世隔绝的"原子"。他的行为要适应社会现象的这种状况；社会现象限制并"制约"（桑巴特语）经济主体的个人动机。[②] 这里不仅要说"社会的经济结构"，即不仅是生产关系，而且还要说在该结构基础上产生的社

① "由生活造成的实际总和可能与由我们创造并存在于我们意识之内的这些总和相对立。在欧洲俄罗斯的吃奶婴儿中间，除了我们统计表所产生的联系外，再无其他联系；森林中的树木处在彼此相互牢固联系之中并构成某种统一体，而不论它们是否会合并统一为类群的概念。"（丘普罗夫：《统计理论文集》，圣彼得堡 1909 年版，第 76 页）

② 我们从归纳已存在的事物开始着手，接着在研究国民经济真实性时指出一大堆实际情况，这使我们想到个体经济目的，在权衡和处理存在的经济秩序时是怎样取决于存在着的客观现象结构（施托尔茨曼，第 35 页）。

会经济现象。例如，个人的估价总是要适应已经形成的价格，将资本存入银行的意向取决于存款时的利率有多高，将资本投入某一生产领域决定于这里形成的利润率，评价地块取决于地块的收入量和利率有多高，等等，等等。诚然，个人动机会产生“相反影响”，但对于我们来说重要的是要确定它们本身已经事先具有的社会内容，因此，从与世隔绝的主体的动机那里不能引申出任何“社会规律”。[①]如果我们不是把与世隔绝的个人作为研究的出发点，而假定他动机中存在着社会因素的东西，那么，在这种情况下我们会得到循环论证：虽然我们想从“个人的”即“主观的”之中引申出“社会的”即“客观的”，但我们会从社会的引申出个人的，即从庞廷到彼拉多。

正如我们从上面看到的，奥地利学派（庞巴维克）是以与世隔绝主体的动机为出发点。诚然，在其代表人物的著作中我们可以找到有关社会整体本质的相当正确的见解。但事实上该学派从一开始就对经济主体的动机进行分析，将其从一切社会性联系中抽

① “任何一种经济现象的出发点常常是个人，但并不是马克思批评家们以及18世纪的研究者们所分析的与世隔绝的个人，而是与其他人结合为一体的个人，是许多的个人……这其中的每一个单独个人所展开的心理活动与其在与世隔绝时的情况是不同的。”——拉·布金：《马克思思想理论体系》，斯图加特，1909年版，考茨基的引言，第13页（有俄译本，扎苏利奇）。马克思不止一次异常清楚地证明了下述社会观点的必要性：“在社会中进行生产的个人，——因而，这些个人的一定社会性质的生产，自然是出发点。被斯密和李嘉图当做出发点的单个的孤立的猎人和渔夫，应归入18世纪鲁滨逊故事的毫无想象力的虚构。”《马克思恩格斯选集》第2卷，人民出版社1972年版，第86页。“……没有共同生活和共同语言的个人是不可思议的”。希法亭说得好：“从同样受经济关系本性决定的经济主体的行为动机中，除了倾向于建立经济关系的平等外，任何时候都不能引申出某种重要的东西：同样商品的相同价格、相等资本的相同利润、平等劳动条件下的平等工资和剥削率。但根据主体动机我从未用这种方法涉及数量关系本身。”（《金融资本》，第265页，俄译本注释）

象出来。对于新的资产阶级理论家来说，正是这种观点才是典型的，而奥地利学派恰恰将这种观点始终贯穿于其全部理论体系之中。由此十分清楚，如果奥地利学派想要推导出某种社会现象，它就必然会以秘密的方式把“社会的东西”变成自己“社会原子”的个人动机。但那时候它就会不可避免地进行大量的循环论证。

的确，这种不可避免的逻辑错误在分析奥地利学派的主观价值论时就已经暴露出来，而该理论是奥地利学派代表人物如此引以为自豪的整个理论体系的基石。其实只有这一个错误贬低了极其巧妙地建立的现代资产者科学经济思想的意义。正如庞巴维克本人所正确指出的那样：“当然，因为如果有谁在科学研究中忽略本应当阐释的东西，那就是致命的方法论过失”。[①]

这样，我们得出结论，奥地利学派的“主观主义”、“经济主体”的有意隔绝和社会联系的抽象化[②]必然会导致整个体系的逻辑破产。该体系就像在魔圈中无力兜圈子的陈旧费用论那样不能令人满意。但这里就产生一个问题，除了个人动机的规律外，是否能概括地从理论上认识经济生活，确定经济生活的规律性。换言之，作为马克思理论基础的那种“客观主义”是否行得通。

---

① 庞巴维克教授：《马克思的理论及其批判》，格奥尔基耶夫斯基教授译，圣彼得堡 1897 年，第 90 页（这本书译得文理不通并增补了一位地道俄国教授的最不高明的序言）。

② 这里只是谈抽象，奥地利人自己当然清楚这一点。“人类不能作为与世隔绝的人去经营，从严格意义上说，个体经济是一个抽象化概念。”（萨克斯：《国民经济的性质和使命》，维也纳 1884 年，第 12 页）但并不是任何抽象都是可能的，庞自己指出：“正如对‘逻辑’那样，在科学中不应当完全漠视事实去‘思维’……只有对所研究的现象没有意义，事实上的确没有意义的那些特征，才可能不去考虑。”（庞巴维克：《马克思的理论及其批判》，第 114—115 页，着重号系作者所加）

甚至庞巴维克也肯定地回答了这个问题。他说:“没有合乎规律的动机就不可能有合乎规律的行为,但不认知有关的动机却完全可能认知合乎规律的行为”。① 但按庞巴维克的观点,这种“客观主义的认知来源”最多也只能提供十分贫乏而本身又根本不充分的一部分普通知识,因为在经济界中“我们主要是与人的有意识活动打交道”。②

但我们从上面看到,正是在奥地利学派所宣扬的那种干瘪抽象的个人心理性的土壤上才收获甚微。③ 而且这里的问题还不单是抽象。我们已经有机会提到,抽象是认识活动的必要因素。奥地利人的错误就在于,他们研究社会现象是从这些现象本身进行抽象,施托尔茨曼十分清楚地表达了这一点,他说:“通过孤立和抽象可以建立起简单得不能再简单的经济类型,但这些类型应当是社会性的,应该以社会经济作为自己的对象”。④ 因为不能够从

① 庞巴维克:《马克思的理论及其批判》,第 123 页脚注。司徒卢威将这种认识方法称之为烦琐哲学(援引著作的第 25 页),同时在另一处(第 32 页)又谈到有关“凭经验合理运用普遍论者的动机”。这也丝毫不影响那位作者提出,“政治经济学中所必需的社会学观点最终只能来自于人(即“个人”。——尼·布哈林注),并只来自于人的心理”(第 26 页)。同时,司徒卢威并不认为“心理主观主义的精微之处有特殊意义”,似乎这些“精微处”与“基础”并无必要的逻辑联系。正如读者所看到的,司徒卢威为自己选择了十分合适的立场。利夫曼对庞巴维克的问题给予否定的回答,第 1 卷。

② 庞巴维克:《马克思的理论及其他》,第 122 页。

③ 甚至边际效用理论的拥护者凯恩斯也承认,“工业生活的现象不能由从人性的少数一般规律中演绎出的唯一方法加以充分解释”(见《政治经济学的对象和方法》,马奴洛夫译校,莫斯科 1899 年,第 70 页)。

④ “人们可以通过孤立和抽象简单制定出经济类型,就好像只是刚开始,但是这些经济类型必须是社会性的,并且具备可添加内容的社会性经济”(施托尔茨曼,第 1 卷,第 63 页,以及《社会范畴》,第 291、292 页)。还请比较利夫希茨:《对庞巴维克价值原理的批判》,莱比锡,1908 年,特别是第 90—91 页。

纯个人过渡到社会，尽管实际上确有这种过渡的历史过程，即人们从隔绝状态过渡到了“社会存在”，那么也只能是历史地和具体地描述这个过程，从而解决纯表意性（电影艺术性）的问题。即使是这样也不能构筑列线型的理论。实际上，我们可以设想，单个的和孤立的生产者相互碰到一起，他们通过交换逐渐建立联系并最终转化成现代发达的交换社会。我们现在再来看一看现代人的主观估价。这种估价来自事先形成的价格（我们将在下面详细证明这一点）。这些价格也是在某个或多或少较久远时期由经营主体的动机形成的。但这些价格在当时又决定于更先前形成的价格，后者依然是作为建立在更早的价格基础上的主观估价的结果而出现的，等等。这样，我们最后涉及孤立生产者的估价，这种估价的确已经不包含价格成分，因为其背后已经没有任何社会联系，没有任何社会。但分析这些主观估价（从现代人的估价到假设的鲁滨逊）不为别的，正是要对孤立个人的动机转变成现代人的动机这一过程进行历史描述，而且对该过程将以相反的方式加以表述。除了这种描述而外，类似的分析不可能再有别的什么，而且在此基础上也不可能建立任何一种一般价格理论或交换价值理论。建立这种理论的企图必然会导致理论体系的循环论证，因为既然我们想留在一般理论的范畴内，那么我们就应当承认社会因素为已知数，而无须解释这个因素。另一方面，超出这个范围，正如我们已经看到的，就意味着把理论变为历史，即转到完全是另一个方面的科学研究。

我们只能有一个研究方法，这就是把抽象演绎法与客观方法结合起来，这种结合是马克思主义政治经济学的最典型特征之一。

只有这样才能建立起自身不会永远存在矛盾的理论，而且这种理论是科学认识资本主义现实的有效工具。

2. 历史观点和非历史观点

马克思在《剩余价值理论》中写道："重农学派的巨大功绩是，他们把这些形式（资本主义生产方式的形式。——尼·布哈林注）看成社会的生理形式，即从生产本身的自然必然性产生的，不以意志、政策等等为转移的形式。这是物质规律；错误只在于，他们把社会的一个特定历史阶段的物质规律看成同样支配着一切社会形式的抽象规律"。①

单纯社会观点和社会历史观点之间的区别在这里十分明显。可以研究"整个社会经济"，但却并不了解特定社会历史形态的全部意义。诚然，在最新时代不懂得社会联系的意义这一点通常是与非历史观点相符合，但应当区别这两种方法论问题，因为"客观主义"的可能性绝非是历史地提出问题的必要保证。这一点我们从重农主义者的例子中就可看到。在现代文献中我们在杜冈—巴拉诺夫斯基那里也能找到同样的情形，他的"社会分配理论"对于一切分化为阶级的社会都适用（正因此什么问题也不能说明）。②

① 《马克思恩格斯全集》第 26 卷第 1 册，人民出版社 1972 年版，第 15 页。

② 见杜冈—巴拉诺夫斯基：《政治经济学原理》。但应当指出，当重农主义者实际上解释了资本主义（尽管他们并没有意识到这一点）时，杜冈也想有意识地阐述资本主义，不过是"编制了"清一色什么都不能说明的公式。关于这一点见《没有价值的经济》，《新时代》1914 年第 22、23 期。

马克思特别突出强调经济理论的历史性和经济理论规律的相对性。按他的观点，“每个历史时期都有它自己的规律。一旦生活经过了一定的发展时期，由一定阶段进入另一阶段时，它就开始受另外的规律支配”。① 当然，绝不能由此得出结论，认为马克思否定了决定不同发展阶段社会生活进程的全部的和一切可能的普遍规律。例如，历史唯物主义理论揭示了对于整个社会发展都适用的规律。但这绝不能排除政治经济学的特殊历史规律，与社会学规律相反，这些规律反映了社会结构之一即资本主义社会结构的本质。②

这里要适当提示一个可能提出的不同意见。这就是，可能有人会说，承认历史必然性会得出表意性的纯描述型的理论，即所谓“历史学派”捍卫的那种观点。但这种反对意见是建立在混淆完全不同事物的基础之上。我们可以看一看统计学杰出的表意性科学的某种一般原理。例如，人口统计得出这样一个“经验主义的规律”：出生 100 个女孩就出生 105—108 个男孩。这个“规律”是纯描述性的，其中并不直接反映任何一般的因果关系。相反，正如我们所看到的，政治经济学中的理论规则属于因果关系的公式：如果有了 A、B、C，下一个就是 D。换言之，一定条件和“原因”的存在导致一定结果的产生。很清楚，这些“条件”可能是历史性的，即它们实际上只有在一定的时期才能遇到。从纯逻辑的角度说，实际上在哪里和在什么时候能遇到这些条件，甚至是否能遇到这些条

① 马克思：《资本论》第 1 卷，人民出版社 1975 年版，第 23 页。引文摘自马克思本人引用的考夫曼的评论。

② 甚至“友善的”批评家也不懂得这一点。见卡拉索夫，第 1 卷，第 260—261 页。

件，这些都完全无关紧要。从这个意义上说，我们的面前是“永恒的规律”；而从另一个角度说，却是这些规律的实际表现，它们是“历史规律”，因为它们与只有在一定历史发展阶段才能遇到的“条件”相联系。[①] 但既然这些条件已经存在，也就存在它们的结果。正是基于这一经济理论规律的性质才有可能将其“运用于”社会发展达到相应高度的那些国家和时代（因此，例如俄国马克思主义者能够成功地预见“资本主义在俄国的命运”），不过马克思的分析是从涉及英国的具体经验材料出发的。[②]

因此，政治经济学规律的“历史”性绝不能将政治经济学变成表意型的科学。另一方面，只有历史观点才可能是该领域认识上有价值的观点。

政治经济学作为一门科学，可以仅仅把商品（资本主义商品）社会作为自己的对象。事实上，如果我们面前有某种有组织的经济形式，假设这是洛贝尔图斯的家庭经济、原始公社、封建庄园或社会主义“国家”有组织的公有经济，那么我们在那里也找不到应是理论经济学所解决的任何一个问题。这些问题涉及商品经济，尤其是商品经济的资本主义形式。这些问题包括价值、价格、资

① 翁肯教授在其《国民经济史》中区分三种方法：“确切的或者是哲学的，历史的或者是更高历史统计学的和最终的历史哲学的，哪一种都具有综合的特性。”（第 9 页）他接着说：“在社会主义领域内，通过塞恩特·西蒙发表的历史与哲学上的理论，在这之后马克思发表的极端唯物主义思想以及恩格斯的代表作中已经发现……在同样的也就是历史与哲学的基础上，它能被很有效地控制住。”因此，这里承认的正是马克思方法的成效性，当然，按照翁肯的观点，应将这种方法与康德的唯心主义“相结合”，以便于与马克思主义的唯物主义理论作斗争。

② 布尔加科夫完全不懂这一点。见他在《经济哲学》中对马克思预测的批判。

本、利润、危机，等等。这当然不是偶然的：目前在或多或少“自由竞争”的体制下，恰好最清楚地表现了经济过程的自发性。这里个人意志和目的在社会现象的连续客观发展面前退居次要地位。只有商品生产及其最高形式即资本主义生产才具有马克思称之为“商品拜物教”的那种现象，马克思在《资本论》中对其作了精辟分析。正是在这里人们在生产过程中的个人关系表现为事物间的无个性关系，而且后者采取价值的“社会象形文字”形式（马克思语）。由此就产生了资本主义生产所固有的那种“神秘性”，产生了在这里首次出现用于理论研究的问题的那种特殊性。“正是由于对竞争体系理论认识的独特性，而这种竞争体系既带来大量的理论问题，又给这些问题的解决增加了极大的难度”，①所以，对资本主义现实的分析才具有特殊意义并赋予经济科学以特殊的逻辑形式。经济科学研究现代社会自然生活的规律性，并得出不以人的意志为转移的规律，这些规律“就像房屋倒在人的头上时重力定律强制地为自己开辟道路一样”。② 即使是这种从十分复杂关系中产生的自发性，其本身是只有商品生产才固有的历史现象。③ 在没有组织起来的社会经济中所形成的特有现象，即“生产机体”的各种

① 迪策尔：《社会经济学原理》，第90页。

② 马克思：《资本论》第1卷，人民出版社1975年版，第92页。

③ 当代风格的合乎规律的现象产生了每一个孤立性，但地方独立性也是能够被消除的事物（诺伊曼：《自然规律和经济规律》，《政治科学杂志》，出版者：朔夫勒，1892年，第48年刊，第3期，第446页）。司徒卢威对马克思分析商品拜物教大加赞赏，但他认为，马克思和整个科学社会主义学派都犯了错误，因为认为这种现象具有历史特征。不过这种情况并不妨碍该作者将拜物教与商品经济联系起来，按他个人的观点，商品经济是一个历史范畴（见他的《论经济体系》第1卷）。

单独部分的相互适应，仅仅是在没有人们有意识要去适应这种明确的意志下实现的。在社会经济有计划运行下，社会生产力的分配和再分配是以统计数字为基础而有意识进行的过程。在现代生产无政府状态下，这个过程是通过有目的的价格转换机制、价格下跌或上涨，通过将这些价格压榨成利润，并经过一系列危机等而实现的。一句话，不是集体的有意识的计算，而是表现在一系列社会经济现象中的社会盲目自发力（首先是市场价格），这才是现代社会特有的，才是经济科学的对象。在社会主义制度下，政治经济学丧失了自己的意义：它只是"经济地理学"，是表意型科学和"经济政策"的规范科学，因为人们之间的关系将是简单的和清楚的，他们的一切物质的和盲目崇拜的表述都会消失，而集体的有意识行为的规律性将取代自然生活的规律性。仅从这一点看就很清楚，研究资本主义时应当注意到使资本主义"生产机体"同其他任何事物相区别的那些资本主义基本特征：因为研究资本主义就是要研究使资本主义区别于其他任何社会结构的东西。如果我们丢弃这些对于资本主义来说是典型的特征，那我们将只能与适用于所有社会生产关系的普遍的范畴打交道，因而这些范畴不能解释"现代资本主义"一定历史的和十分独特的发展过程。正如马克思所说，竭力证明现存关系永存的现代资产阶级经济学家的"全部智慧"，恰恰是忘记了这个原理。① 这里应当注意的是，分析作为不是以一般交换，而是以资本主义交换为特征的发达商品生产的资本主

① "正是那些证明现存社会关系永存与和谐的现代经济学家的全部智慧所在。"《马克思恩格斯选集》第 2 卷，人民出版社 1972 年版，第 88 页。

义——在资本主义条件下市场上会出现作为商品的劳动力，生产关系（“社会经济结构”）不仅包括商品生产者之间的关系，而且包括资本家阶级与雇佣工人阶级之间的关系——对资本主义的这种分析除了要研究商品经济的一般条件外（只要具备这一个因素就符合简单商品生产理论），还要求研究资本主义的特有结构。只有这样提出问题才能建立真正科学的经济理论。如果不是去赞扬和永远保存资本主义关系，而是要对其进行理论研究，就必须区分它们的典型特征并分析这些特征。马克思正是这样做的。他的《资本论》一开始是这样说的：

“资本主义生产方式占统治地位的社会的财富，表现为‘庞大的商品堆积’，单个的商品表现为这种财富的元素形式。因此，我们的研究就从分析商品开始。”①

因此，从头几行字起就把整个研究定位在历史的轨道上。接下来马克思的分析证明，经济科学的所有基本概念都具有历史性。②

马克思关于价值写道：“在一切社会状态下，劳动产品都是使用物品，但只是历史上一定的发展时代，也就是使生产一个使用物所耗费的劳动表现为该物的‘对象的’属性即它的价值的时代，才使劳动产品转化为商品。”③

---

① 马克思：《资本论》第1卷，人民出版社1975年版，第47页。

② 可以在我们不止一次引用的“导言”中找到对马克思方法论观点的综合。关于历史的和非历史的“生产条件”，马克思是这样概括自己思想的：“总之，一切生产阶段所共同的、被思维当做一般规定而确定下来的规定，是存在的，但是所谓一切生产的一般条件，不过是这些抽象要素，用这些要素不可能理解任何一个现实的历史的生产阶段。”《马克思恩格斯选集》第2卷，人民出版社1972年版，第91页。

③ 马克思：《资本论》第1卷，人民出版社1975年版，第76页。

关于资本,马克思也是这样说的:"资本不是物,而是一定的、社会的、属于一定历史社会形态的生产关系,它体现在一个物上,并赋予这个物以特有的社会性质。资本不是物质的和生产出来的生产资料的总和。……这种生产资料本身不是资本,就像金和银本身不是货币一样"。①

同时想引证庞巴维克对资本所下的定义,他说:"我们把那些作为财富获取手段的产品总和统称为资本。从资本的这个总概念中产生更狭义的社会资本概念。我们将作为财富的社会经济获取手段的产品的总和,或简要地说是中间产品的总和,称之为社会资本"。②

可见,存在着基本观点的完全对立。大凡马克思作为基本特征划分出来的该范畴符合历史事实的东西,庞巴维克都将其视为历史因素的抽象。大凡马克思作为人们的一定历史关系看待的,庞巴维克都认为这是人对物的普遍关系形式。事实上,如果脱离开人们之间变化无常的历史关系,那么剩下的就只是人与自然之间的关系,来取代社会历史范畴即"自然的"范畴(natürliche Kategorien)。但十分清楚,"自然的"范畴一点也不能说明社会历史

① 马克思:《资本论》第 3 卷,人民出版社 1975 年版,第 920 页。

② "Kapital überhaupt nennen wir einen Inbegriff von Produkten, die als Mittel der Gütererwerbes dienen. Aus diesem allgemeinen Kapitalbegriff löst sich als engerer Begrift der des Socialkapitales ab. Socialkapital nennen wir einen Inbegriff von Produkten, die als Mittel socialwirtschaftlichen Güterewerbes dienen; oder... kurz gefasst, einen Inbegriff von Zwischenprodukten."(庞巴维克:《资本与利息》第 2 卷,第 1 部分,第 54—59 页,1909 年版。)经历马克思学派锻炼的司徒卢威先生也坚持这一极端肤浅的观点,他写道:"纯经营管理也知道诸如生产费用、资本、收入、地租这类范畴"(第1

范畴，因为正如施托尔茨曼所十分正确指出的那样："自然范畴只是为经济现象的形成提供技术条件"。①

事实上，劳动过程、"财富获取"及其分配过程总是在只能引起一定社会经济现象的一定的不同历史形态下进行。不会看到像"托伦斯上校"以及庞巴维克认为的那种情况，即"资本起源于野人的石头上"，②而资本家则产生于野人本身。只有在商品生产的基础上③生产资料成为一个阶级的垄断财产，并以此与唯一归工人支配的商品即劳动力的所有权相对立时，才能产生叫做资本的那种独特关系，因而也只有那时才产生"资本家的利润"。地租的情况也是如此。在不同地段土壤肥力的差异这个事实或是臭名昭著的"土壤肥力递减规律"（甚至于该规律是以最极端的马尔萨斯主义者所承认的那种形式存在），这些都不会致使地租出现在世间。只有在商品生产基础上土地被土地所有者阶级垄断时才产生地

卷，第17页），而且把纯经济理解成是"一切经济主体对外部世界的经济关系"（同上书）。类似思想的更细致的提法源自洛贝尔图斯，他把资本的逻辑概念与历史概念区别开来。这类术语事实上掩盖了资产阶级经济学家的辩护腔调，而且实质上是完全多余的，因为对于"逻辑范畴"来说，还有诸如生产资料这样的术语。关于这个问题需要在下面分析利润理论时更详细谈及。

① "Die natürlichen Kategorien geben nur technische Moglichkeiten für die Ausbildung von okonomischen Phanömenen."（施托尔茨曼：《目标》，第131页）

② 马克思：《资本论》第1卷，人民出版社1975年版，第209页脚注："在野蛮人用来投掷他所追逐的野兽的第一块石头上，在他用来打落他用手摘不到的果实的第一根棍子上，我们看到占有一物以取得另一物的情形，这样我们就发现了资本的起源。"（罗·托伦斯：《论财富的生产》，第70、71页）庞巴维克把资本定义为是"中间产品"的总和，这个定义与在《资本论》第一卷中就受到马克思严厉嘲笑的托伦斯的观点是相吻合的。见庞巴维克：《资本与利息》第2卷，第1部分，第587页。

③ 马克思的批评者们经常忽略这个条件，例如见艾尔·俄明汉姆尔：《社会问题和社会主义》，尤其是"罗宾逊—资本家"这一章。

租。不同地块肥力的差异和上面提到的“规律”只是社会现象即地租的技术条件和“可能性”。[①] 因此，庞巴维克对自己的一些批评者的抱怨是徒劳无益的，庞指责他们未把“事物的本质”与“表现形式”（“Erscheinungsform”）区分开。资本的“本质”并不在于资本是“中间产品的总和”（这是生产资料的“本质”），而在于资本是引起其他时代所完全未曾有过的一系列经济现象的特殊社会关系。当然，可以说资本是当今社会生产资料的表现形式，但不能说现代资本是与生产资料完全相同的一般资本的表现形式。

价值现象也具有历史性。甚至如果承认奥地利学派的个人主义方法是正确的，并力求从“主观价值”即从几个人的个人估价中算出价值，那也应当注意这样一种情况，即在现代“生产者”的心理和在自然经济条件下生产者的心理中（尤其是在“坐在小溪旁的那个人”或在荒原挨饿的那个人的心理中），具有完全不同的材料。现代资本家无论是产业资本的代表者还是商业资本的代表者，都对产品的使用价值完全不感兴趣：他借助于雇用的“人手”仅仅是为利润而“工作”，他感兴趣的只是交换价值。

由此十分清楚，甚至对于政治经济学来说是基本的现象即价值现象都不能加以解释，不能将其从对于所有时代和所有民族都是共同的原理中“引申”出物品能够满足人的某种需要这一点。而这正是奥地利学派的“方法”。[②]

---

① 请比较施托尔茨曼的观点，第 1 卷，第 26 页；以及凯恩斯，第 1 卷，第 66 页：“甚至被视为纯自然现象的土地产品的递减规律，严格说来也未必能认为是经济规律。”

② 当然，除社会关系特点之外，“思想学说”的前提和出发点还是：共同领域基本现象的分析和抽象化的人类经济活动（萨克斯：《国民经济的性质和使命》，第 68 页）。

这样，我们得出结论，奥地利学派离开资本主义的特征，走的完全是错误的方法论之路。想要解释社会经济关系即人们之间关系的政治经济学，应是历史科学。正如恩格斯十分恰当和恶狠狠地说的那样："谁要想把火地岛的政治经济学和现代英国的政治经济学置于同一规律之下，那么，除了最陈腐的老生常谈以外，他显然不能揭示出任何东西"。① 可以为这些"共同之处"找出或多或少巧妙的根据，但即使是这种情况，也无助于解释事先不存在的资本主义制度的特殊性。因此，庞巴维克"构建"的那种假设"经济"和他所研究的"规律"是如此远离我们的罪恶实际，以至于不再能与其相比较。

新学派的创始者也开始在某种程度上认识到这一点。例如，庞巴维克在其关于资本的新版著作中写道：

"我特别想填补一个空白——这指的是研究那意味着什么的东西和什么能够影响'社会范畴'——产生于社会机构的强力关系。社会经济学的这一章写得并不令人满意……边际效用理论的拥护者们也没写这一章"。②

不过可以事先预言，边际效用理论的拥护者们不可能把这一

① 《马克思恩格斯选集》第 3 卷，人民出版社 1972 年版，第 186 页。"数学家"和"英国—美国人"那里客观主义的非历史性使他们形成纯机械观点，该观点中实质上甚至不存在社会，而有运动的物体。

② "Insbesondere hätte ich gerne eine Lücke ausgefüllt ... es handelt sich um die Untersuchung, was die Einflüsse der sogenannten 'sozialen Kategorie', was die aus den sozialen Einrichtungen stammenden Macht und Gewaltverhältnisse, bedeuten und vermögen... Dieses Kapitel der Sozialokonomie ist noch nicht befriedigend geschrieben worden ... Auch von der Grenzwerttheorie nicht."（《资本》第三版序言，第 2 册，第 16—17 页）

"章"写得"令人满意",因为他们把"社会事物"看成不是"纯经济事物"的有机组成部分,而看成是经济以外的值得注意的外在的量。

与庞巴维克相反,施托尔茨曼这位"社会有机方法"的代表人物之一,而且是我们经常引用的这位施托尔茨曼指出(当然是关于自己的著作):"客观主义进入了新的阶段,它不仅变成社会的,而且变成'历史的';在系统逻辑研究与历史现实主义研究之间不再存在鸿沟。"[①]然而,把经典作家的抽象方法与"客观主义"和"历史主义精神"结合起来的这项任务,早在施托尔茨曼以前就由马克思解决了,而且解决得毫无任何伦理道德上的不妥之处。

因此,这里展现在所有人面前的是"陈旧的"无产阶级理论。[②]

① "客观主义进入了新的阶段,它不仅变成社会的,而且变成'历史的';在系统逻辑研究与历史现实主义研究之间不再存在鸿沟,作用范围对两者来说总是共有的,它们都有着对历史真实性及其对立面的认识"(施托尔茨曼,第1卷,第2页)。与此相比较,见利夫曼第1卷,第5页:"这个所谓的社会研究方式已在半个世纪前由卡尔·马克思运用了。"利夫曼这里十分正确地指出了马克思方法的特点。

② 施托尔茨曼看到把社会现象视为社会伦理现象的必要性。同时,他把作为借以研究经济现实的那些标准和规范的总和的那种伦理,与由于经济现象的事实而存在的作为事实的伦理混为一谈。第一种情况是把政治经济学作为伦理学来谈,这就意味着把科学变成方法,仅此而已。在第二种情况下,如果按施托尔茨曼的样板去做,可以把政治经济学作为语文学来谈,根据这样一个"充足的理由"即语言现象也由于经济生活而存在。即使是从下一句话中也能看到"批评家"先生们的"伦理"是何等庸俗至极:"工资意味着道德的数量"("der Lohn bedeutet eine moralische Grösse"),着重号系作者所加,第198页。工资不仅决定于习俗和法律制度,"甚至决定于良心的召唤和内心的强制,即内心的命令"("sondern auch durch die Stimme des Gewissens und den Zwang von innen, d. h. durch den eigenen Imperativ des Herzens")。这种表面上客气但实际上不满的议论随处可见(请比较第199和201页,等等)。施托尔茨曼先生的"实际智慧"使他把人们从社会主义的怀抱中解救出来,见第17页。为此他愿意去蛊惑煽动,关于马克思主义者,他写道:"当然,十分简单和不太负责任地满足于贬低现状,给予石头以取代面包,用未来的变革安慰挨饿者。但工人不想再等待",等等。这些胡言乱语

3. 生产观点和消费观点

马克思写道："对现代生产方式的最早的理论探讨——重商主义——必然从流通过程独立化为商业资本运动时呈现出的表面现象出发，……真正的现代经济科学，只是当理论研究从流通过程转向生产过程的时候才开始。"① 相反，庞巴维克和整个奥地利学派则认为分析消费是最重要的。

尽管马克思把社会首先看成是"生产机体"，把经济看成是"生产过程本身"，② 但在庞巴维克那里把生产退居次要地位，而把分析经济主体的消费、需求和愿望放在首位。③ 既然如此，不是把作为产品的经济财富，而是将其数量，其不知从何而来的"储备"当作

显然也是用"内心的命令"来迫使我们的三级文官这样说的。因为施托尔茨曼提出了有趣的现象，他与马克思的理论和方法相联系。他的过分膨胀的伦理学只是能够吸引布尔加科夫、弗兰克和杜冈—巴拉诺夫斯基一伙人。

① 马克思：《资本论》第 3 卷，人民出版社 1975 版，第 376 页。

② 马克思：《资本论》第 2 卷，人民出版社 1975 版，第 133 页。

③ 杰文斯也是这样："政治经济学必须建立在对效用条件进行充分准确考察的基础之上，为理解这一点，我们必须考察人类需求和愿望的特点。首先，我们需要有一个财富消费理论。"（《政治经济学理论》，伦敦和纽约，1871 年，第 46 页。着重号系我们所加）瓦尔拉斯（《社会经济学研究》，第 51 页）只把所研究的"财富"归人纯经济学，而对生产的分析已经属于应用政治经济学的领域（economie politique appliquee）。卡弗的观点则更接近于生产观点，他这里同意马歇尔的观点，即"换言之，构成这门科学主题的是经济活动而不是经济商品。"在《财富分配》一文的另一处，他是这样看这些"机能"的：生产（production）、消费（consumption）、定价（valuation）。在上述作者那里我们看到了不同的细微差别，而且无论是对庞巴维克还是对马克思，这些差别都是折中主义的。

这种分析的出发点，就不令人费解。这也就完全决定着作为理论体系中心点的整个价值学说。如果要事先消除生产因素，那很清楚，就应当建立“非生产的”价值理论，因而就存在着“孤立的抽象”方法的独特附加条件：例如，庞巴维克在分析价值时迫使自己的鲁滨逊式的人们不生产财富，而丢掉或“丧失”财富；而且生产或再生产的可能性本身也被仅仅看作是“复杂的因素”，而看作不是应当首先需要分析的现象。[①] 完全合乎逻辑的是，“有用性”是奥地利学派的基本概念，从有用性中先是引申出主观价值的概念，然后是客观价值的概念。有用性这个概念丝毫不要求任何“劳动耗费”和任何生产；该概念所表达的是对事物的不是积极的而是纯消极的关系，不是“具体直观的活动”，而是对不变条件的关系。因此，在那些“遇难者”、无人岛上的“近视者”、挨饿的“旅行者”作为当事人和教授所幻想的其他产物的实例下，有用性概念才能成功地发挥作用。

但很清楚，这种观点事先排除了在社会现象发展过程中了解社会现象的任何可能性。而社会现象的动力就是发展生产力、提高社会劳动生产率、扩大人类社会的生产职能。没有消费就不会有生产，这是毫无疑问的：需求总是经济活动的主导动机。但另一方面，生产对消费产生最决定性的影响。马克思将这种影响分为

① 因此，考茨基是对的，他说，奥地利学派“改良了 18 世纪的鲁滨逊式，因为该学派的鲁滨逊不通过劳动来生产自己的消费品，而是寻找从天上掉下来的消费品”（拉·布金：第 1 卷，“考茨基的引言”，第 10 页）。瓦尔拉斯的著名的交换均等论完全接受这一点。比较瓦尔拉斯：《交易的数理原理》，第 9 页：“根据商品数量设立方程体系，商品的价格是方程根。”他就是这样来表述自己的任务。正如读者见到的，这里也没有生产。

三种类型：第一，因为生产创造用于消费的材料；第二，因为生产决定消费的形式和消费的质量性质（Weise）；第三，因为生产创造新的需求。[①]

如果我们一般性地研究生产与消费之间的关系，即不依赖于一定的历史结构，就会出现这种情况。如果我们将要研究资本主义，还要把一个重要的方面包括进来，用马克思的话说，这就是："社会需要，也就是说，调节需求原则的东西，本质上是由不同阶级的互相关系和它们各自的经济地位决定的，因而也就是，第一是由全部剩余价值和工资的比率决定的，第二是由剩余价值所分成的不同部分（利润、利息、地租、赋税等等）的比率决定的。[②] 各阶级的这种相互关系也在生产力发展的影响下形成和发生变化"。

这样，首先：需求的变化决定于生产的变化。由此得出结论：第一，分析需求的变化时必须从生产的变化出发；第二，以生产领域平衡为前提而提供的产品量，还要求有消费领域的平衡，即全部经济生活从而也包括其他任何生活的平衡。[③]

马克思正是认为"生产力的发展"是最重要的：要知道，马克思所从事的所有巨大理论研究工作的目的，用他自己的话说就是"揭

① "因此，生产生产着消费：(1)是由于生产为消费创造材料，(2)是由于生产决定消费的方式，(3)是由于生产靠它起初当作对象生产出来的产品在消费者身上引起需要。"《马克思恩格斯选集》第2卷，人民出版社1972年版，第95页。

② 马克思：《资本论》第3卷，人民出版社1975版，第203页。

③ 按照马克思的观点，"生产是实际的起点，因而也是居于支配地位的要素"（《马克思恩格斯选集》第2卷，人民出版社1972年版，第97页）。马克思的经济理论及其社会学理论的联系这里是清楚的（仅奉告那些认为可以"同意"该学说的一个方面，而"不同意"另一方面的人）。

示现代社会的经济运动规律”。[①] 但在并无任何运动且在此种情况下要求有“从天上掉下来”的产品量时，揭示“运动规律”则是相当困难的。[②] 因此可以事先预料，以奥地利人的理论构架为基础的消费观点，在涉及社会变动的那些所有问题即政治经济学所研究的最重要问题上都会表现为理论的贫乏。“资本主义社会技术怎样发展，资本主义利润从何而来，所有这些问题他们（即奥地利学派的代表人物。——尼·布哈林注）都不能正确提出来，更谈不上解决。”[③]

在这方面，边际效用理论的狂热拥护者之一约瑟夫·熊彼特所作的坦白倒是很有意思。他有勇气公开宣称，在所有情况下，大凡谈到发展，奥地利学派什么都说不出来。

他写道，“……我们的静止体系不能解释所有经济现象（例如，该体系不能解释利息和企业主的利润）。”[④]

---

① 马克思：《资本论》第1卷，人民出版社1975版，第11页。

② 弗兰克不明白，为什么把劳动从其他“生产条件”中划分出来：要知道，例如拥有土地和一定的产品分配形式等是“人的永恒需要”。为什么正是劳动才应成为经济现象的基本特征，——仍完全没有充分理由来证实（《马克思的价值理论及其意义》第147—148页）。分配形式是“生产方式”的导数；至于在此种情况下重要得多的土地等，从“拥有土地”的静矩出发不可能对任何变化和任何动态作出解释。

③ 卡拉索夫：《马克思主义思想学说》，柏林1910年，第19页：“Wie sich die Technik in einer kapitalistischen Gesellschaft entwickelt, woher der kapitalistische Profit stammt—all diese grundlegenden Fragen sind sie nicht imstande richtig zu stellen, geschweige denn zu lösen.”以上提到的瓦尔拉斯的“交换平衡”是静态的。帕累托也同样，见《政治经济学教程》，第1卷，洛萨纳，1896年，第10页。

④ 熊彼特：《经济理论的实质与主要内容》，莱比锡，1908年，第564页：“Sodann sehen wir, dass unser statisches System bei weiten nicht alle wirtschaftlichen Erscheinungen erklärt, nicht z. B. Zins u Unternchmergewinn.”

"……我们的理论既然有充分的根据,它就拒绝解释现代生活的最重要现象。"①

"……该理论不适用于仅可以从发展观点理解的任何(着重点系作者所加。——尼·布哈林注)一种现象。资本形成问题和其他问题尤其是经济进步和危机问题均属于这一类。"②

因此,资产阶级"读死书的学究们"的最新理论面对当代现实提出的最根本问题就显得苍白无力。资本的巨大和急剧积累、资本的积聚和集中、异常快速的技术进步,最后还有资本主义特有的现象即彻底震撼整个社会经济体制的工业危机的周期性,所有这一切都被熊彼特断定为是"根本无法理解的东西"。而恰恰在很有学问的资产者的思想所不及的这个领域内,马克思的理论却作了特别多的阐述,以至该学说受诋毁部分在马克思主义的凶恶敌人那里经常被认为是水平很高的深奥理论。③

4. 小结

我们分析了奥地利学派的三个不正确的出发点:它的主观主义、非历史主义和消费观点。与食利资产者的三个基本心理特征

---

① "...unsere Theorie, soweit sie fest begründet ist, den wichtigsten Erscheinungen des modernen Wirtschaftslebens versagt."(见第 578 页)

② "Weiter versagt sie jeder Erscheinung gegenüber, welche sich... nur vom Standpunkt der Entwickelung verstehen lasst. Dahin gehören die Probleme der Kapitalbildung und andere, so besonders das des ökonomischen Fortschitts und der Krisen."(见第 587 页)

③ 杜冈—巴拉诺夫斯基的情况也是这样,他是危机理论领域的"权威"。

相关的这三个逻辑特征，必然要导致奥地利学派在一般理论"体系"的不同部分经常重复出现三个主要理论缺陷：与主观主义方法相关的循环论证；不会解释资本主义的特有历史形式，这是非历史主义观点所造成的结果；最后，在经济发展的所有问题上完全破产，这种破产与消费观点有着必然联系。但不要认为所有这些"动机"的作用是相互独立的，作为心理动机，它们也如逻辑复合体一样，是复杂因素，其不同部分相互交织在一起，其作用视其他同时出现的因素而得到加强或减弱。

因此，在进一步详细分析庞巴维克理论时所暴露的每一个具体错误，都可以以食利者新理论家们不是一个而是一下子若干个思想"动机"为"依据"。但这并不妨碍我们从一系列相互交织的因素中划分出庞巴维克无数的"疏漏"与之结合的三个主要因素，这些疏漏清楚地表明"世纪末"的资产阶级完全没有能力进行理论思维。

第二章　价值理论

1. 价值问题的意义。2. 主观价值与客观价值。定义。3. 效用与(主观)价值。4. 价值量。评价单位。

1. 价值问题的意义

自政治经济学产生之初直到目前,价值问题一直是政治经济学的基本问题。其他所有问题——工资、资本和地租、资本积累、大生产和小生产的斗争、危机等问题都直接或间接与这个根本问题相联系。

庞巴维克说得完全对:"价值学说可以说是全部政治经济理论学说的中心。"①这是清楚的。对于整个商品生产特别是对于政治经济学是其产物的资本主义商品生产来说,价格从而也包括其标准——价值则是包罗万象的基本范畴。商品价格调节资本主义社会生产力的分配,而以价格范畴为前提的交换形式是社会产品在不同阶级之间进行分配的形式。

价格的运动使商品供应适合于商品需求,通过提高或降低利

① 庞巴维克:《经济福利的价值理论原理》,第 13 页。

润率并由此使资本从一个生产领域流入另一个生产领域；廉价——这是资本主义用以开辟道路并最终夺取世界的工具。资本以廉价来排挤手工业，而大生产战胜小生产。

以购买劳动力形式即以价值关系形式在资本家与工人之间订立合同，是资本家发财致富的先决条件。利润，即剩余产品的货币表现和价值表现而绝非"实物"表现，是现代社会的主导动因。摧毁旧的经济生活形式的整个资本积累过程正是建立在这个基础之上，该过程作为经济进化的十分独特的历史阶段，在其发展中与旧的经济生活形式有着十分明显的区别，等等，等等。因此，价值问题远比政治经济学领域的其他任何问题更能引起并正在引起经济理论家们的关注：斯密、李嘉图、马克思把对价值的分析作为其研究的基础。[①] 奥地利学派把价值学说当成其理论学说的基石，因为它一方面反对古典派和马克思，另一方面又建立了其自身的理论体系，它主要从事价值问题的研究。

这不，尽管穆勒认为价值学说已基本上完整无缺，[②]但该学说的确是现今理论争论的焦点。与穆勒相反，庞巴维克认为，价值学

① "在社会形式中完全由买卖产生了职业体系……有关价值的问题是基本的问题。几乎每个关系到社会商业利益的观点都包含了任何价值利息原理，这层关系中微不足道的错误，传播到相关的关于我们其他结论的错误上来"（穆勒：《政治经济学原理》，第3版，1869年，第10页）。诚然，近一个时期由司徒卢威带头开始发出议论，说价值问题与分配问题完全不相干，例如，李嘉图认为分配问题是整个政治经济学的基本问题（见《政治经济学原理》，梁赞诺夫译，第2页）。杜冈—巴拉诺夫斯基先生也持这种观点。但他的"分配理论"有全面充分的论据来反对这个"新发明"。司徒卢威先生以更纯粹的逻辑形式提出问题，这种形式使得不可能构建分配理论。沙波什尼克夫也是这样（见他的《价值和分配理论》，莫斯科1912年版，第11页）。

② 穆勒，第1卷，第100页。

说“从来都是经济科学最模糊、最混乱和研究最不够的部分之一”。[1] 但他希望奥地利学派的研究能结束科学的这种状况，否则“还会给通过本身卓有成效的发展可以期待完全和彻底解释价值问题的这种创造性思想带来思想的模糊和混乱”。[2]

我们下面会尽力对这种“创造性思想”给以应有的评价，我们先指出如下情况。奥地利学派的批评家们常常指出，该思想把价值和使用价值“混为一谈”，其学说与其说属于政治经济学，不如说属于心理学，等等。所有这些就其实质而言是对的。但我们觉得，这些说法还远远不够：必须以受到批评的那种理论的作者们所持的观点为准，从体系的内在联系来弄清整个体系，然后再指出体系的自相矛盾性及其由于基本错误而站不住脚的原因。例如，存在着对价值所作的大量的不同定义。比如说庞巴维克的定义就与马克思的定义截然不同。但不能仅限于指出庞巴维克说的非应当所言。必须要指出，为什么需要说的不是这些，这是其一。其二，需要指出，受到批评的那种理论所采取的前提不是导致相互矛盾的结构，就是确实不能解释和不能包括一系列重要的经济现象。

然而，这种情况下批评的立脚点在哪儿？要知道，如果价值概念本身在各种不同学派那里完全各不相同，也就是说，如果马克思的价值论与庞巴维克的价值论毫无任何共同点，那么，总的来说批评何以成为可能？这里下列情形救了我们。无论价值的定义如何不同，甚至有时相互矛盾，但所有人总还有某种共同点。这个共同

① 庞巴维克：《原理》，第 13 页。

② 同上书，第 14 页。

点是，价值被想到是一种交换标准，价值概念是为我们用以解释价格的。[①] 诚然，事情并不仅仅限于对一些价格的解释，或者更正确地说是不应当受此局限，但价值理论毕竟直接成为价格理论的基础。如果该价值学说解决价格问题不存在内在的矛盾，它就是正确的；如果不是这样，它就应当受到批驳。

我们是根据这些看法来着手批判庞巴维克的。我们在上一章看到，按照庞的观点，价格是个人评价的结果。与此相关，整个“学说”分为两个部分：第一部分是研究个人评价的形成规律——“主观价值理论”；第二部分研究的是形成这些评价合量的规律——“客观价值理论”。

2. 主观价值与客观价值。定义

我们知道，按照主观学派的观点，应当在个人心理现象中寻找社会经济现象的基础；对于价格来说这就表现为，分析价格应归结为分析个人的评价。如果把庞巴维克提出的价值问题与马克思提出的同样问题加以比较，就会立即看到两者原则上的区别。在马克思那里，价值概念是两种社会现象之间、劳动生产率与价格之间

① 唯一例外的是司徒卢威先生的价值理论，他把价值归结为是计算出的平均统计价格。但这实质上是消灭一切理论。布尔加科夫先生那方面在《经济哲学》中指责马克思把劳动问题和劳动作用问题“从原则的高度转向重商主义的实践，转向市场”(第 100 页)。这种虚假的原则性是庸俗性的反面。还是那位“批评家”写道：“一般资本主义经济理论是否有用？我认为是有用的……然而是否能够承认价值、利润和资本的不同理论都有这种有用性？我认为是不能的”(第 289 页)。这位思想深刻的教授认为可以建立没有“价值、利润、资本”理论的资本主义一般理论。

社会联系的表现，而且这种联系在资本主义社会（与一般商品经济相反）表现为一种复杂的联系；①在庞那里，价值概念是价格的社会现象与个别评价的个人心理现象之间联系的表现。

这种个别评价需要有评价人（主体）和受评价的对象。这两者之间相互关系的结果就是奥地利学派的主观价值。因此，主观价值不是事物的某种本质：它只是评价人的某种心理状态而已。如果谈及事物，那也是该事物对该人具有意义。这样，“我们把一定物质财货所具有的意义或用于人的福利的某种物质财货的总和称之为主体意义上的价值”。② 这就是主观价值的定义。

庞巴维克的客观价值则有某种不同。他说：“我们将事物产生某种客观结果的能力称之为客观意义上的价值”。从这个意义上说，只要我们想指出存在哪些外部效果，就会存在哪些价值形式。有各种菜食的营养价值，各种肥料的施肥价值，爆炸物的爆发价值，柴草和煤炭的供暖价值，等等。在所有这类表述中，把价值对于人的幸福或不幸有何意义的任何一种认识都从价值概念中排除。③ 庞巴维克认为具有经济性质的客观价值如“交换价值”、“收

① 我们这里指的是这样一种现象，即价格与价值不相吻合，甚至不直接围绕价值波动，而是受所谓“生产价格”的牵动。

② 庞巴维克：《原理》，第 7 页。门格尔也同样：“价值一点也不存在于商品的质量中，没有共同的特性，更多的是那个不受拘束的含义。我们在满足需求，我们的生活以及我们的福利中加进这层含义，接下来作为共同的特殊事实传播给经济商品。”（《国民经济学原理》，维也纳，1871 年，第 81 页脚注）“价值是一种判断”（出处同上，第 86 页）。请比较维塞尔：《价值的渊源》，第 79 页：“价值是作为外部对象的状态可想象到的人的利益所在。”

③ 庞巴维克：《原理》，第 8 页。还请比较庞巴维克：《资本与利息》，第 2、3 版，茵斯布鲁克，1909 年，第 214 页。着重号系我们所加。

入价值”、“生产价值”、“租赁价值”和其他价值均属于这类对于“人的幸福或不幸”来说是中性的客观价值。其中的客观交换价值具有最重大的意义。“交换价值指的是交换领域中物质财货的客观意义，或者换言之，当谈到物质财货的交换价值时，是指交换物质财货来获取一定数量的其他物质财货的可能性，而且这种可能性被看作是物质财货本身所具有的力量或属性。”[①]这就是客观交换价值的概念。

这最后一个定义就其实质甚至从庞巴维克本人所始终不渝坚持的观点来看都是站不住脚的。实际上，商品的交换价值作为商品的“客观属性”，在这里与商品物体的物理化学属性是同一的。换言之，“有益效果”从该词的技术意义上说是与交换价值的经济概念等同的。这是拙劣的商品拜物教的观点，商品拜物教是庸俗政治经济学的特征，因为实际上“商品形式和它借以得到表现的劳动产品的价值关系，是同劳动产品的物理性质以及由此产生的物的关系完全无关的”。[②] 根据庞巴维克本人的观点，实际上不能确定他自己所肯定的东西。如果客观价值是主观评价的结果，那么，客观价值就不能与物的物理化学属性同一；相反，它与物的物理化学属性有原则性的区别：客观价值中不可能有“物质原子”，因为它是由非物质成分产生和形成的，各类“经营主体”的个别评价就是这样的非物质成分。不管这如何奇怪，但这里都须确认，奥地利学派和庞巴维克所特有的纯“心理主义”都可以与庸俗的超唯物主义

① 庞巴维克：《原理》，第 9 页。门格尔有另外的术语，见他的《规律》，第 214 页。

② 马克思：《资本论》第 1 卷，人民出版社 1975 版，第 89 页。

的拜物教，与实质上是十分幼稚和不加批判的观点同时存在。庞巴维克反对作为事物本身所固有的不取决于评价人的主观价值观点，与此同时，在确定客观价值时却又将后者等同于对于“人的幸福或不幸”来说是中性的物的技术属性，从而全然忘记了在此种情况下不可能有他自己的理论所要求的主观价值与客观价值之间的那种起源演化联系。①

这样，我们面前有两个价值范畴，其中的第一个范畴是基本的，第二个范畴是派生的。因此，我们不得不首先分析研究主观价值理论。况且这部分理论正是在新基础上作出论证价值学说的最独特尝试的那部分理论。

3. 效用与(主观)价值

对于奥地利学派来说，“效用是原则性的概念”。② 虽然在马

---

① 关于这一点，诺伊曼指出：“在类推法中是否可以把买价和收入比作供暖、食品和肥料等的价值，是有争议的。”(《经济学基础概念》、《政治经济学手册》，出版者：朔尔贝克，第4版，第1卷，第169页)莱尔说得更坚决：他反对这种混淆并且说道，政治经济学不应当是“价值是为人类以及由于人类而存在的，是消失不掉的”(康拉德：《国民经济和统计学年册》续辑，第19册，1889年，第22页)。还见哈·迪策尔：《社会经济学原理》，第213、214页。在资产阶级学者及其随声附和者中间有一个特点，即用一种不错的腔调指出，马克思在其价值理论中搞了一个机械唯物主义的粗制滥造的东西。但有各种唯物主义。马克思的唯物主义由于反映在他的经济体系中，不仅不会导致商品拜物教，恰恰相反，第一次使克服商品拜物教成为可能。特别是马克思的价值论是“有社会效力的、因而是客观的思维形式”之一。(《资本论》第1卷，人民出版社1975版，第93页)但“客观的”这里绝不意味着是“物质的”，这正像语言一样，是人们的社会产物。请比较《资本论》第1卷，人民出版社1975年版，第91页，以及施托尔茨曼的《目标……》，第58页。

② 桑巴特：《对卡尔·马克思经济思想的批判》，布劳恩的卷宗第7卷，第592页。

克思那里效用仅仅是价值产生的条件，对于形成任何一种价值量毫无作用，而在庞巴维克那里价值脱离效用，是效用的直接表现。[①]

但庞巴维克(照他的意见，与那些效用和使用价值似乎总是同义词的旧术语不同)将一般意义上的效用与可以说具有专门效用的价值区别开来。他说，"对人的福利关系可以表现为两种截然不同的形式。当该事物为人的福利服务具有一般能力时，我们看到的是低级形式。相反，对于高级形式来说，就要求该事物不仅是原因，而且要同时是人的福利的必要条件……低级形式称为效用，高级形式称为价值。"[②]

举两个例子来说明这种区别：第一个例子，我们面前是一个坐在"水量充足的适于饮用的水泉边"的"人"；第二个例子，还有"在荒漠旅行的另外一个人"。很显然，这里一杯水会有不同的"实用意义"。在第一种情况下，这杯水根本不是"必要条件"，而在第二种情况下，效用表现为其"最高"形式，因为从我们这位旅行者的储备中丧失每一杯水都会对其产生十分巨大的影响。

---

① 以此为基础，许多折中主义者认为，经典作家和马克思的理论与奥地利人的理论根本"不是相矛盾"，而"只是相补充"。例如见迪策尔：《社会经济学原理》，莱比锡1895年，第23页。这些先生们甚至还不明白，马克思那里本来就没有与奥地利人主观价值相类似的概念(对此可见希法亭极好的小册子《庞巴维克的马克思批判》，维也纳，1904年，第52、53页)。杜冈—巴拉诺夫斯基先生更可笑，他在其《原理》一书中确立了劳动价值之间的比例规律，而劳动价值只是对整个社会才有意义，对单个经济是绝对不适用的。相反，"适用于"评价个人的边际效用对于"国民经济"来说(即使按庞的观点)也失去意义。

② 庞巴维克：《原理》，第15页。这个论点对奥地利人尤为重要。"对于它们(即边际效用理论)来说，有用事物与全部确定的，有竞争性的成果的区别是它们的基础，这一成果在已存在的经济形势中要取决于对估计的确定财产的支配和使用。"(庞巴维克：《财货价值的最终标准》，《国民经济学杂志》，《社会政治和管理》，III，第187页)

由此，可以对“价值的起源”做这样的表述：“当一种物质财货所具有的储备对于满足相关的需求为数不多，或者这种储备完全不足，或者勉强够用时，物质财货才具有价值。因此，如果抛开在这种或那种场合下所评价的那部分物质财货，那么，一定的需求量就会得不到满足”。①

因此，财货的“专门效用”，即恰恰是马克思从自己的分析中作为与事无关的量所删除掉的，才是分析商品价格的基础，因为任何价值理论都直接为了解释价格。

我们现在来进一步分析这个问题。我们不应忘记，奥地利学

① 庞巴维克：《原理》，第22页。“所有的财富都具有有用性，但并不是所有的财富都有价值。为了产生价值，有用性还须加进稀缺性；这种稀缺性与对一种财富的需求相比不是绝对的而是相对的。”（庞巴维克：《资本》第2卷，第224页）门格尔也一样：“如果对某一财货的需求大于其可支配的数量，那么，就可以推定，当一部分相关的需求将不会得到满足之后，相关财货可支配的数量可以像实际的值得注意的那部分被削减，而预先准备的任何需求没有或没有完全得到满足……。”（门格尔：《原则》，第77页）

边际效用理论的创造者们无论如何也无权断言，该论点是他们想出来的。在韦里那里（请比较韦里伯爵：《政治经济学》，巴黎）我们也找到了这个论点，诚然，是以更客观的形式出现的：“构成价格的因素是什么？肯定不是单纯地取决于效用。为了证实这一点，需要考虑水、空气和阳光，它们没有任何价格，难道没有一点有用性和必要性吗？因此，对于一件事物只判断其简单和纯粹的效用是不够的，而应该判断其稀缺性。同时具备这两个因素就构成了事物的价格，即效用与稀缺性。”孔狄亚克也是一样（《贸易与政府》，巴黎，1795年）。但孔狄亚克是以主观方式提出问题（“我们认为”，“我们判断”，这一评价我们称之为价值，等等）。“因此，事物的价值在稀缺时增加，在充裕时减少。它甚至可在充裕时降低到零。”（第6、7页）在父亲瓦尔拉斯那里（奥古斯特·瓦尔拉斯：《财富的本质与价值的起因》，巴黎，1831年），稀缺性要素与财产要素相关，从而也与交换能力和物的（客观）价值相依存（这些因素在其数量中自然是受限制的）。里昂·瓦尔拉斯（《交易的数理原理》）做了特别尖刻的表述：“因此，不是事物的效用决定价值，而是其稀缺性。”（见第44、149页及以下各页）帕累托（《政治经济学教程》第1卷，洛斯，1896年）将术语“效用”用术语“有害”取而代之，因为“效用”与“有害”相对立，而且对于政治经济学来说可以有“有害效用”（烟草、酒类等）。

派所关心的，是经营主道体以“纯真的”即最质朴的形式所表现的动机。庞巴维克本人写道：“我们的任务正是应当如镜子一样反映那些强词夺理决定的实际，并将有实地经验的普通人所本能地有信心掌握的那些规则，提升到正确的但同时又是有意识有科学原则的程度。”①我们看一看新学派领袖的理论“镜子”是如何反映“日常实际”的。

现代生产方式的特征，首先在于它就是面向市场而不是为了自身消费的生产。该生产方式是各种生产形式的最终链环，这里生产力的发展和与其相适应的交换关系的发展摧毁了原有的自然经济体系，并形成了全新的经济现象。可以把自然经济转变为商品资本主义经济的这个过程区分为三个阶段。

在第一阶段，重点是为自己生产，而面向市场的生产只能是在出现“剩余产品”的时候。这一阶段是交换关系的初级发展形式所特有的。生产力的逐渐提高和竞争的加剧使重心转向面向市场的生产领域。经济单位内部使用的只是不多的部分产品总量（这种关系现在常常会在农业和在农民经济领域看到）。但发展过程并没有就此中止；社会劳动分工在向前发展，并最终达到这样的程度，即面向市场的大规模生产变得十分普遍，而且在经济单位内部，其所生产的产品不能完全用完。

那么，应当与该过程同时发生的经济主体动机中及其“日常实际”中的那些变化有哪些呢？

对此可以这样简要回答：建立在效用基础之上的主观评价的

① 庞巴维克：《原理》，第34页。

意义在减退。最初,“man stellt (um in heutiger Terminologie zu sprechen) noch keine Tauschwerte her (die rein quantitativ bestimmt sind), sondern ausschliesslich Gebrauchsgüter, also qualitativ unterschiedliche Dinge”。[①] 相反,在更晚的发展阶段,用这样一个谚语表达更为合适:“der gute Hausvater soll mehr bedacht sein auf den *Profit* und die lange Dauer der Sachen, als auf eine momentale *Befriedigung* und gegenwärtigen *Nutzen*”。[②]

真是这样。自然经济要求其所生产的“财货”对它要具有使用价值;在下一阶段,“剩余产品”的使用价值不再具有意义;再接下来,大部分产品并不是由经济主体按这部分产品的效用进行评价,因为产品的效用对他来说已不存在;最后,在最后阶段,单个经营者所生产的全部产品在经济单位内部不具有任何“效用”。因此,来自财货生产单位的完全缺少以效用为基础的财货评价就变得十分普遍。[③] 但不要以为这种情况只是对卖方而言。买方的情况也

① 桑巴特:《资产者》,第 19 页(“如果用现在的术语说,人们并不生产可以用纯数量来确定的任何交换价值,而只是消费资料,从而是在质量上可以判别的物品”)。

② 同上书,第 150 页。着重号系我们所加(“一个好当家人要比关心瞬间满足和现时效用而更加关心收益和物品的寿命”)。

③ 庞巴维克本人最后也应当承认这一点。在《原理》中他对这个论点的表述相当独特,这就是,他断言,在劳动分工条件下,卖方的评价“在多数情况下常常是极低的”(第 184、185 页,重点号系我们所加)。见《原理》:“时至今日,由于专业的制造者和手工业者而产生了销售,这些拥有他们自己商品的人,为了个人的需求而拥有全部不可利用的剩余产品。为此对于他们来说,他们自己商品的主观使用价值常常全部趋向于零;接着由此而使他们的估计值下降……,同伴也接近于零。”(《资本与利息》第 2 卷,第 1 部分,第 405—406 页)但这个表述也是不正确的,因为卖方的评价完全不以效用为基础(它不是“接近”,而是等于零),是完全另外方面的评价。

不会好多少。这在分析商人的评价时就表现得尤为明显。从最大的批发商到最小的商贩，没有一个商人会根本不关心自己商品的"效用"或"使用价值"。在他的心理上确实不存在庞巴维克所枉然努力寻找的那种材料。为自己购买消费品（下面还将谈到生产资料）的买主的情况就更复杂些。但即使是这样也不能沿着庞巴维克所建议的道路走。因为每个"主妇"都在自己的"实践"中一方面根据规定好的价格，另一方面根据可供支配的货币的数量行事。只有在这些范围内才能按效用来进行一定的定价。如果用一定数量的钱可以购买x种A类商品，或y种B类商品，或z种C类商品，那么，任何人都会宁愿购买对他更有用的那种商品。但这种评价须要求先有市场价格。接着说。对每一种该商品的评价也绝不是由商品的效用决定的。生活资料就是明显的例子。每一位去市场的主妇无不按无限大的主观价值给面包评价；相反，她的评价却是围绕已经在市场上规定的价格波动。其他所有商品的情况也如此。

因此，庞巴维克这位与世隔绝的人（他是坐在小溪边还是"在晒得滚热的沙漠中"旅行，反正都一样），不论他是起资本家的作用还是起商人的作用，从"经营动机"的角度看，他不仅不能与提供自己商品的资本家或是购买商品再卖的商人相提并论，而且也不能与商品货币经济条件下的普通购买者相提并论，由此可以得出结论，不能把"使用价值"（马克思语）或者"主观使用价值"（庞巴维克语）的概念作为分析价格的基础。后一种观点与庞巴维克所要解释的现实极其矛盾。

我们关于不能把使用价值的分析作为价格分析的基础这一结

论，即使是对于向市场销售的不是全部产品，而是“剩余产品”的那个商品生产时期来说也是正确的，因为这里涉及的不是经济单位范围内的使用价值，而恰恰是这“剩余产品”的价值。价格是根据对商品而不只是对产品的评价而形成的；对经济单位内部所使用产品的主观评价，并不影响商品价格的形成。既然产品变为商品，使用价值不再发挥其原有的作用。① “该商品对其他人有用，这一点仅仅是商品交换能力的前提，但对我无用的我自己的商品的使用价值，绝不是我个人评价的范围，更不用说客观价值量的范围了”。②

另一方面，按产品的交换价值对产品的评价，在相当发达的交换条件下，甚至还涉及到属于生产者本人消费领域的那部分产品。维·莱克西说得非常好：“在货币经济交换体系中，一般来说所有的财货都被视为商品并作为商品计算，即便是这些财货用于生产者自己的消费也是如此。”③

但使用价值丧失其原有的作用在大规模生产面向市场的条件下表现得尤为明显，这时全部产品都投入到流通领域，因为这里对于该经济单位所生产的全部产品而言，根据效用作的主观评价十

---

① “商品交换关系的明显特点，正在于抽去商品的使用价值。”（马克思：《资本论》第 1 卷，人民出版社 1975 年版，第 50 页）

② “Dass diese Ware für andere nützlich, ist Voraussetzung für ihre Austauschbarkeit, aber als fur mich nutzlos, ist der Gebrauchswert meiner Ware kein Mastab auch nur meiner individuellen Wertschatzung, geschweige den Masstab für eine objektive Wertgrösse.”（希法亭：《庞巴维克的马克思批判》，第 5 页）

③ 维·莱克西：《一般国民经济原理》，1910 年，第 8 页：“Uberhaupt werden in dem geldwirtschaftlichen Tauschsystem alle Güter als Waren angesehen und verrechnet, auch wenn sie für den eigenen Bedarf des Produzenten bestimmt sind.”

分明显地在消失。

由此可见，庞巴维克将现代社会经济组织描述为是不发达的商品生产的意图是可以理解的。“在以劳动分工和交换为基础的生产占统治地位的条件下，多半是剩余产品能够上市”；①在现代劳动组织条件下，“每个生产者只生产某些产品，但他是超过其自身对这些产品的需求来生产这些产品”。② 庞就是这样来论述资本主义“国民经济”的。这种论述当然经不起任何批评，但它却又在那些想把价值理论建立在效用基础之上的作者那里重新浮现。因此，也可以一字不差地像马克思论孔狄亚克那样去说庞巴维克：“我们看到，孔狄亚克不但把使用价值和交换价值混在一起，而且十分幼稚地把商品生产发达的社会硬说成是这样一种状态：生产者自己生产自己的生存资料，而只把满足自己需要以后的余额即剩余物投入流通”。③

因此，马克思批驳作为价格分析基础的使用价值，是完全正确的。相反，奥地利学派的一个根本错误在于，其理论的“指导性原

① 庞巴维克：《原理》，第 53 页。

② 见庞巴维克：《原理》，第 143 页。

③ 马克思：《资本论》第 1 卷，人民出版社 1975 年版，第 181 页。拉萨尔巧妙地嘲讽了这种理论。“巴尔吉克生产机器最初当然是为了自己家庭的需要，然后他才出售多余的机器。备好丧服的商店首先是在某位家人死亡时才工作。但由于这些情况太少见，他们就把剩余的丧服用于交换。沃尔夫先生这位当地电报局的业主，他收取电报主要是为了自己个人寻找乐趣和学习。当他完全满足这些欲望后，他把成为多余的电报转让给交易所和报刊编辑部，作为一种交换，他们也向他提供报社通讯和股票。”（拉萨尔：《资本和劳动》）在“数学家”鼻祖（里昂·瓦尔拉斯）那里，剩余产品交换也是基本出发点（《数理原理》等）。

则"与现代资本主义的实际毫无共同之处。① 正如我们下面将要看到的那样,这一点不能不反映在以后的全部理论中。

4. 价值量。评价单位

用什么来确定主观价值量? 换言之,对"财货"个人评价的这种或那种水平取决于什么? 奥地利学派的代表人物及其"国外的"拥护者们所说的"新词"就主要回答这个问题。

既然某种物品的效用是该物品满足这种或那种需求的能力,那么,对需求作某些分析自然就是必须的。按照奥地利学派的学说,这里应当是指,第一,需求的多样性;第二,在某一种需求形式范围内需求的紧张程度。各种不同的需求可以按其对于"人的福利"的重要性的增减程度来排列。另一方面,一定类型的需求紧张程度取决于需求的饱和程度:需求满足的程度越高,需求就越不"迫切"。②

---

① 庞巴维克在其《资本》一书中把马克思在这一点上的论据说成是"错误的"。按照他的观点。这里"把某种一般情形的抽象与这种情形所表现的特殊形式的抽象混为一谈"(庞巴维克:《资本与利息》,《资本利息理论的历史与批判》,杜冈—巴拉诺夫斯基校译,1909 年,第 483 页)。希法亭对此作出了完全正确的反驳:"对我来说,当我不考虑这个特殊情况,即在它之中可能出现了使用价值,以及不考虑在具体事物中的使用价值时,我也就完全放弃了使用价值……,这是毫无用处的,就是说,使用价值只存在于商品的性能中,对于其他产品而言只不过可交换而已。这就意味着,使用价值的大小取决于交换价值的大小,而不是交换价值的大小取决于使用价值的大小"(第 5 页)。下面在分析"替代价值"时将详细阐述这种情况。

② 所谓的"戈森定律"就在于此。他是这样来表述该定律的:

"1. 当我们不断地生产储备品,直到饱和为止,那它们的重要意义也就不断减小。

2. 储备品意义减小在于我们很早就反复生产它,并且不仅仅在反复的准备中出

卡尔·门格尔就是把著名的“需求尺度”建立在这些看法的基础之上。这个“需求尺度”以这种或那种形式出现在涉及新学派价值问题的所有著作中。我们原封不动地引用庞巴维克的表格：

I	II	III	IV	V	VI	VII	VIII	IX	X
10	·	·	·	·	·	·	·	·	·
9	9	·	·	·	·	·	·	·	·
8	8	8	·	·	·	·	·	·	·
7	7	7	7	·	·	·	·	·	·
6	6	6	6	6	·	·	·	·	·
5	5	5	5	5	5	·	·	·	·
4	4	4	4	4	4	4	·	·	·
3	3	3	3	3	3	·	3	·	·
2	2	2	2	2	2	·	2	2	·
1	1	1	1	1	1	·	1	1	1
0	0	0	0	0	0	0	0	0	0

用罗马数字标出的纵列，这里表示从最重要需求开始的各种不同类型的需求形式；每一纵列内的数字是说明随着需求的饱和而使该需求的迫切性减少。

现减小，而且在刚开始这些储备品的重要意义就很小。在意识到哪些东西可作为储备品时，它的持久性在反复循环中变短，于是很早就出现饱和，不仅是刚开始的意义，而且包括持久性在内两者都在不断减少，越是反复生产越是加快了递减速度”。（戈森：《人类交换规律与人类行为准则的发展》，布劳恩施威克，1854 年，第 5 页）关于这些定律维塞尔说：“适用于一切行动，适用于由渴望到热爱。”（《自然界价值》，维也纳，1889 年，第 9 页）

顺便说一句，由上表可见，比较重要类别的具体需求就其规模而言可能低于不太重要类别的具体需求，这取决于需求的满足程度。纵列中的“饱和”①可能会把第Ⅰ列的需求量降低到3、2、1，同时，第Ⅵ列饱和不足时，这种抽象的不太重要的需求量具体可以保持在数字4或5上。②

现在为了解决该物品符合何种具体需求的问题(因为这决定着根据效用对物的主观评价)，“我们只不过是应当看一看，如果不存在被评价物时，究竟何种需求得不到满足；这就是我们将要确定的那种需求”。③

庞巴维克利用这种“剥除”法得到这样的结果：因为任何人都更愿意从应当得到满足的需求中所得不到的满足仅仅是其重要性

① 纵列中的空白处涉及到的需求，“其连续不断的逐个部分满足或是不完全可能，或是完全不可能……”(庞巴维克，第1卷，第40页)有关效用的职能作用不间断性的推测，其本身是可能的，因为“这只是对不间断的职能作用完全正确，而对间断性的职能作用也接近正确”。(尼·沙波什尼科夫，第1卷，第9页)

在里昂·瓦尔拉斯那里我们找到了对同一问题的数学表现形式，但这是以客观具体化形式表现的(取决于供求的“歪曲价格”)。我们在“美国人”那里找到“随着需求的饱和该需求的迫切性减少”这种经过更加详细深入研究所作的客观具体表述。上面提到的卡弗(Carver)把效用定义为是满足需求的能力，价值是交换能力(“效用是满足某种需求或愿望的能力，而价值则是在和平自主的交换中获取其他想要的东西的唯一能力。”——第3页)；按卡弗的观点，价格是用货币表现的价值的表现。价值以效用(utility)和相对稀缺性(scarcity)为转移而发生变体。卡弗这里明确说的不是评定的个人而是社会的需求(wants of the community，第13页)。在卡弗那里“饱和”定律称作“效用递减”定律，第15页。同时，卡弗提出 social standpoint(“社会观点”，第17页)。“倾斜效用”是作为社会范畴(第18页)。食利者政治经济学这里明显转变为托拉斯组织者的政治经济学。

② “需求价值的大小取决于需求的特性，但是在唯一的特性中它又总是取决于所达到的饱和程度。”(维塞尔，第6页)

③ 庞巴维克，见第42页。

最小的需求，那么，对财货的评价就将决定于该财货所能满足的其重要性最小的需求。“物质财货的价值量决定于这样一种具体需求（或部分需求）的重要程度，这种需求在该种物质财货的全部实有储备量所满足的好些需求中处于最末一位”；或简言之，“物的价值以该物的最大效益量来计算”。[①] 这就是整个学派的著名论点，该理论本身也因此而被称为“边际效用理论”，这就是从中引申出其他所有“规律”的那个普遍原则。

上述确定价值的方法要求有一定的评价单位。实际上，价值量是计量的结果；任何计量都要求一定的计量单位。庞巴维克在这方面是什么情况呢？

奥地利学派这里遇到极大的困难，它至今未能从该困境中摆脱出来，也不可能摆脱。首先，应注意到从庞的角度选择评价单位所起的那种巨大作用。他说：“我们在同一时间、在同一条件下对同一类物质财货的评价，只能依据我们是只评价当作整个单位的这些物质财货的某些份额或其更大的数量来采取各种不同的形式。”[②]同时，由于选择评价单位，不仅价值量将产生波动，而且还可能提出有关整个价值本身及其存在这样的问题。如果（庞的例子）农民每天需要一千公升水，而他有两千公升水，那么，百公升水不具有任何价值。相反，如果我们以多于千公升的量为单位，那这

① “边际效用”（Grenznutzen）这个术语是由维塞尔在《关于价值的起源》一书中首次提出的。戈森的“剩余原子价值”、杰文斯的“效用的最终程度”和“最终效用”、瓦尔拉斯的“满足最后需求的强度”，都符合这个术语。比较维塞尔的《自然界价值》。维塞尔建议不使用“剥除”法，而使用“连接”法。就实质而言，这种区别没有太大意义。

② 庞巴维克：《原理》，第 24 页。

种量将具有价值。因此，价值现象本身将取决于单位的选择。与此相关还有另外一种现象。假定我们有好多财货，其边际效用随着这些财货数量的增加而降低；让我们用数字 6、5、4、3、2、1 来表示这降低的效用。如果我们有 6 个这样的单位财货，那么其中的每一种财货的价值量将决定于这一单位的边际效用，即等于 1；如果我们现在以以前两个单位的总和为单位，那么这两个单位之中的每一个单位的边际效用将不是 1×2，而是 1+2，不是 2，而是 3；三个单位的价值将不是 1×3，而是 1+2+3，即不是 3，而是 6，等等；换言之，“对数量相当大的财货的评价与对这些物质财货本身之中的一份财货的评价是不相符的”。① 因此，评价单位在这里发挥实质性的作用。这个单位是什么样的呢？庞巴维克（还有其他“奥地利人”）对这个问题不能给以明确的回答。② 庞本人是这样

① 见庞巴维克：《原理》，第 52 页。维塞尔在这一点上不同意庞的观点。“储备的价值不亚于拥有一定数量边际效用价值的产品”（《自然价值》，第 24 页）。这就是维塞尔的图表。让最大边际效用（即当全部储备＝该单位财货时的单位财货边际效用）为 10；将财货数量增加到 11，我们就得到储备价值。“当占有量

	1	2	3	4	5		**货物**
等于	1×10	2×9	3×8	4×7	5×6		
或者	10	18	24	28	30		价值的同一性
当	6	7	8	9	10	11	**货物**
等于	6×5	7×4	8×3	9×2	10×1	11×0	
或者	30	28	24	18	10	0	价值的同一性”

（见第27页）

从这个观点出发，从一定数量财货开始的全部“储备”不具有任何价值。但这是与主观价值的全部理论和定义相矛盾的。实际上，把财货的全部总量作为一个单位，我们就会失去满足与该财货相关的全部需求的**可能性**。比较庞巴维克：《原理》，第 27、28 页，以及《资本与利息》，第 257、258 页。

② 见格·卡塞尔的“单位”的不确定性，李嘉图的《关于生产费用学说与国民经济

反驳上述说明的，他说："我们认为这种异议是没有根据的。问题是，人们完全不能够自己任意选择评价单位，不能，在那些最表面情况下……他们看到的是有关评价时应当以哪些数量为单位的强制要求。"①但十分明显，评价单位的这种规定性可以主要存在于交换对于经济生活是偶然的不常见的那些情况下。相反，在发达商品生产条件下，交换的代理人在选择"评价单位"时恰好感觉不到强制标准对自己的压力。销售自己的粗麻布的工业资本家、买卖粗麻布的大批发商、许多的小型经纪商——所有这些人可以用俄尺、用俄寸、用一块布（即以俄尺为单位的总和）来计量自己的商品，而且在所有这些情况下他们的评价都将不会采取任何"不同形式"。他们可能"丧失"自己的商品（现代销售就是商品从生产它们的或只是占有它们的经济单位有规律的退出过程），而何种实物比例将用于计量售出的"财货"，对此他们完全漠不关心。分析购买商品用于自己消费的买主的动机，我们也发现这种现象。要说明这个问题非常简单：现代"经营主体"的评价取决于市场价格，而市场上的价格根本不取决于评价单位的选择。

与此相关的还有另一种情况。以上我们看到，庞的单位总和价值绝不等于用单位数相乘的单位价值。如果我们有数列6、5、4、3、2、1，那么，6个单位（全部"储备"）的价值就等于1＋2＋3＋4＋5＋6的总和。这从边际效用理论的基本前提出发是完全合乎逻

原理的首要任务》（《所有国家科学杂志》第57卷，第95、96页）。这里也有力图回答这个问题的K. 维克塞尔的批评（见K. 维克塞尔：《为边际效用价值学说辩护》，同上，第56页，年刊，第577、578页）。

① 庞巴维克：《原理》，第26页。

辑的结论。但这并不妨碍该论点是绝对不正确的。庞巴维克的理论出发点及其对经济现象的社会历史性质的轻蔑态度在这里又错了。实际上,现代生产和交换的代理人,无论是卖主还是买主无一不按庞巴维克的方法计算“储备”价值即一定财货总和的价值。新学派领导人的理论镜子在这里不仅仅是歪曲“日常实践”:他的“反映”实在是没有相关的事实。对于N单位的任何一个卖主来说,在N那里一次多于一个单位,对于买主也出现同样的现象。“对于工厂主来说,他工厂里的第50台纺纱机与第1台纺纱机具有同样的意义和同样的价值,而全部50台机器的总价值不是等于50+49+48……+2+1=1275,只不过是50×50=2500而已”。[①]然而,庞的“理论”与“实践”之间是这样惊人地不相称,以至于他本人甚至能够这样或那样地提出问题。关于这方面他是这样写的:“在我们的日常……生活中,远不能经常看到以上所描述的强词夺理的特点(即缺少总量价值与单位价值之间的比例关系。——尼·布哈林注)。发生这种情况是因为,在以劳动分工和交换为基础的生产占统治地位的条件下,多半是(!)把完全不用于满足所有者个人需要的剩余产品(!!)投入市场。”[②]好得很。也很糟糕。如果这个“强词夺理的特点”在现代经济制度中看不到,那么很明显,“边

① 威廉·沙林:《边际效用价值学说与原理》,康拉德年刊,第3期,第27卷(1904年),第27页:“Für einen Fabrikanten hat die fünfzigste Spinnmaschine in seiner Fabrik ganz dieselbe Bedeutung und denselben Wert als die erste, und der gesamte Wert aller 50 ist nicht 50+49+48+...+2+1=1275 sondern ganz einfach 50×50=2500.”我们这里没有谈大批量购买情况下的“让价”。这种现象是以完全另外的心理根据为基础的,不属于我们要谈的对象。

② 庞巴维克:《原理》,第53页。

际效用”规律就什么都是，但就是不是资本主义现实的规律，因为上述“特点”是边际效用规律逻辑上的继续，它与边际效用规律一同产生（在逻辑上），并一同消失。

因此，缺少总量价值与一部分数量之间的比例关系对于现代经济关系是一种假象；而且它与生活如此相矛盾，甚至连庞也不能始终不渝地实现自己个人的观点。庞在指出间接评价的情况时写道：“……既然我们有可能确认，一个苹果对于我们像八个李子那样值钱，而一个梨对于我们像六个李子那样值钱，那么我们有可能……得出第三个立论，一个苹果对于我们要比一个梨贵三分之一”①（谈的是主观评价）。这个推论就其实质而言是正确的。但根据庞巴维克本人的观点恰恰是不正确的。也就是说，为什么我们在此种情况下会得出一个苹果要比梨“贵”三分之一的“第三个立论”？是因为八个李子的价值比六个李子的价值多三分之一。但这同时就要求有总量价值与单位数量之间的比例：只有在八个李子的价值比一个李子的价值多八倍，而六个李子的价值多六倍的情况下，八个李子的价值才比六个李子的价值多三分之一。

这个例子再一次证明庞的理论和我们面前实际发生的经济现象的不相容性。他的推论也许对解释“迷路的旅行者”、“移民”、“坐在小溪边的人”的心理时适用，即使是这样，也只是因为所有这些“个人”丧失了生产的可能。在现代经济中，庞假定的那些动因在心理上是不可能的和毫无意义的。

① 庞巴维克：《原理》，第 74 页注释。

第三章 价值理论(续)

1. 替代效益学说。2. 边际效益规模与财货量。3. 不同使用方式下的财货价值量。主观交换价值。货币。4. 互补性财货的价值(认定理论)。5. 生产性财货的价值。生产费用。6. 小结。

1. 替代效益学说

我们现在转入另一点,新理论在这一点上触到了一个最大的暗礁,甚至像庞巴维克这样富有经验的舵手也不能挽救该理论必然倾覆的命运。

到目前为止,我们分析研究的是评价财货的最一般情况;我们与庞巴维克同样认为,评价财货取决于正是该财货所具有的边际效用。实际上一切都不是这么简单。我们听听庞巴维克是怎么说的:

"……发达的交换关系的存在可能会产生……相当复杂的情况,即交换经济在任何时候都会使一种物质财货对另一种物质财货的交换成为可能,与此同时,它还可能把满足一种需求中的不足部分转移到另一种需求上……损失加在用于替代所损失物品的物质财货的边际效益上。可见,一种物品的边际效益和价值在此种情况下决定于用来获取一份财货来补充损失的一定数量的另一种物质财货的边际效益”。①

这种现象可用下一例子加以说明：

“我仅有一件冬季大衣。大衣被人偷走了。我不能用其他一件这样的大衣来替代这件大衣。同时，我也不能使被偷物品所能满足的那种需求本身得不到满足。由于这个原因，我尽力把损失转到我的其他不太重要的需求上；这就是，我把最初用于其他用途的某些物质财货卖掉，用卖得的钱给自己买一件新的冬季大衣”。② 为了出售，只得放弃那些有最小“意义”的财货。不过除出售以外，这里还可能有其性质决定于我们“经营主体”状况的各种不同的情形。如果他富有，购买新冬季大衣所需的那40盾(着重号系我们所加。——尼·布哈林注)将从实有储备的钱中拿出来，从而相应减少用于奢侈品的支出；如果他是小康水平，他只得在或多或少的一个长时期内厉行节约；如果即使这样也不可能，那么只得采取出售或典当物品的办法；只有在极其贫困的情况下才不能“转移”损失，因而只能是没有大衣穿。因此，在除了后一种情况的所有情况下，对物品的评价不是孤立的，而是与其他物品的评价相联系的。关于这一点，庞说道：“我认为，在我们所完成的对价值的所有主观定义中，大部分属于这一类。尤其是对我们所绝对必需的物质财货的评价就应当这样说……我们对上面提到的物质财货几乎总是不按其直接边际效益，而是按其他种类物质财货的‘替代

① 庞巴维克：《原理》，第57页。

② 同上书，第58页，着重号系我们所加。

边际效益'(Substitutionsnutzen)去评价"。①

这些推论比我们以前说的那些推论要更加贴近实际,也正因如此,对庞巴维克及其一伙的全部理论的"福利"才具有十分重大的否定"意义"。实际上,例如庞的"40盾"这个数字是从哪里得出的?为什么是40,而不是50或1000?显然,庞在此种情况下不过是以市场价格为根据。既然作为必要的决定性条件进行出售和购买或只是购买,那么,就公平地采用该价格。② 庞巴维克本人对此并不隐讳,他相当明确地表述了所叙述的论点。他说:"不过必须指出,在存在甚至是高度发达交换经济的条件下……我们做这件事(即按"替代效益"进行评价。——尼·布哈林注),只能待……产品价格和满足我们不同类型需求的条件达到这样的程度:如果物品的丧失恰恰影响到该物品所满足的需要本身,那么,较之把满足其他需求的物品以交换的方式用来代替丧失掉的那份物品这种情况,相对更重要的需求就得不到满足"。③

因此,庞巴维克本人承认,我们的主观评价在这里(即按庞的简单说法,在多数情况下)必须以客观价值量为前提。但由于庞的任务恰恰是要把客观价值量从主观评价中排除掉,那么很清楚,我们这位作者所发展的整个替代效益学说不是别的,正是

① 庞巴维克:《原理》,第59页。着重号系我们所加。对于必需生活资料很清楚,按其直接边际效用对其评价,这对于单个经济单位来说是荒谬绝伦的,因为"最必需的生活资料的价值……无限大"。(G. 埃克施泰因:《政治经济学原理》,载《新时代》,XXⅧ,第370页)

② 比较施托尔茨曼:《国民经济目标》,第723页。

③ 庞巴维克:《原理》,第59页。沙林说,购买者"将要赋予商品价格不是根据估计它自身的利润而确定,而是根据推测的价格,即指望消费者给予的价格。"(第20页)

一个虚伪的圈子:用主观评价来解释客观价值,用客观价值也照样来解释主观评价。而这种理论上的荒唐恰好发生在庞所紧迫面临的这样一个问题上:不是解释与实际毫无共同点的某种假定的东西,而要解释正是"发达交换"所具有的真正的现实的经济。[①] 庞所了解的边际效用理论在这一点上的"严重理论困境"就更有趣。庞还是想尽力摆脱矛盾的罗网。这种拯救理论的尝试归结如下:冬季大衣值40盾的估价,是建立在"对只有在市场上应当创造的那些条件的事前预测"基础之上的;[②]因此这类事先估价"对实际活动仅产生这样的影响,正如用一定的价格例如用40盾来购买需要的商品这样某种模糊的期望一样。能用这种价格买到——很好;买不到——人不单是空着手回家,而是会放弃被实际破灭了的希望,并掂量,他的状况能否允许他给出更高的价格来购买商品"。[③] 按庞巴维克的观点,最后一个问题取决于有一个或是若干个市场为买主服务。在第一种情况下,"当需要的物品只能在该市场购买时,购买者毫无疑问会愿意以较高的价格购买,万不得已时会同意付给符合直接边际效益水平的

① 对于不分析交换经济条件的边际效用的另一个理论家维塞尔,庞指出:"对维塞尔的论点(维塞尔:《论经济价值的来源和主要规律》,第128页),即边际效益总是'应属于从同一类物质财货本身所获得的效益的范围',只能附加作者本人所做的保留有条件地接受:他从纯形式上分析事物,将交换经济的条件放到一旁"(《原理》,第59页,注释)。总之,维塞尔不解释交换;庞开始作解释,但马上就被难住了。这真是:"拽出鼻子,夹住尾巴,尾巴拽出来,又把鼻子夹住"。还比较里昂·瓦尔拉斯:《数理原理》,Ⅲ,§有效需求曲线,第12、13、14页。瓦尔拉斯的提法实质上是简单的重复(比较上述著作的第16页)。

② 同上书,第177页。

③ 同上书,第179页,还比较《资本与利息》第2卷,第1部分,第397页等。

价格”。……[①]庞作出结论:“可见,在合成价格形成中,发挥作用的不是以推测市场价格一定水平为根据的购买者所购买物品的低级间接边际效益,而相反,是该物品更高级的直接边际效益——这对于我们价格理论是很重要的结论”。[②] 在第二种情况下,“假设评价看来(!)还使购买者有可能从一处市场转到另一处市场来寻找低价位;但它哪儿都不能阻止价格提高到商品直接效益的水平”,[③]由此得出这样的结论:“以按一定的价格购买被评价物品的可能性推测为根据的主观评价,对于我们在应当实现上述可能性的那个市场上的行为来说,是值得注意的心理阶段,但绝不是最终解决问题所依靠的指导原则。商品的直接边际效益水平在这里相反也发挥这种指导原则的作用”。[④]

庞巴维克就是这样努力去解决以上描述的“理论难题”。读者也许会发现,庞巴维克的解释只是一种虚幻的解释;它实际上悬在半空中。我们再举一个最明显的例子:生活资料。以效用(以符合最小饱和限度和最高需求的单位为例)为基础的生活资料的主观价值将会无限大;另一方面,就算是以市场条件的事前预测为根据的估价等于 2 卢布。庞所建议的解决方法何时成为可能?换言之,我们的“个人”何时能同意随便出什么价钱,“为一块面包怎么都行”?很清楚,这只能发生在完全不正常的市场条件下,不光是不正常即偏离规范,而是在完全超出常规即实质上不能讲通常意

① 庞巴维克:《原理》。
② 同上书,第 180 页。
③ 同上。
④ 同上书,第 180、181 页。

义上的社会生产和社会经济这样的市场条件下。也许“在被包围的城市”(庞最喜欢的例子之一)或在失事的船舶上,或在荒漠迷失方向的人那里可能发生这种情况。在现代生活中,在假定社会生产和再生产正常进行的情况下,完全没有这么回事。存在某种完全另外的情况。在根据效用作的主观评价的量与推测的市场价格(我们的例子是∞与 2 卢布之间)的量之间,存在着可实现价格的完整等级(我们就不用说可能向下偏离于 2 卢布)。通常,每一个具体的个人交易是在与“事前预测的”价格十分接近的水平上完成的,并在一系列情况下达到完全吻合(请比较例如固定价格)。无论如何,有一点很清楚:在社会生产正常进行的条件下,社会需求与社会供给之间的关系是这样的:对效用的个人评价丝毫不发挥原则性作用,甚至上升不到社会生活的表面。[①] 我们的这个例子适合于庞巴维克所假定的和我们以上所指出的这两种场合。我们仍然还要分析研究作者所涉及到的一种情况。这就是,购买是为了倒卖,这时,“购买者评价商品不是按其使用价值,而是按其(主观)交换价值”。[②] 按庞巴维克的观点,在这类情况下事情是这样发生的:“市场价格首先决定于来自商人的商品交换价值的确定;这种评价是以第二个市场的假定市场价格为根据的,而顺便说一句(!!),假定市场价格也同样是建立在属于这第二个市场区域内的购买者对商品评价的基础之上”。[③] 这里情况就更为复杂。庞

---

① 沙林,第 29 页;以及莱维茵:《劳动报酬和社会发展》,附录。

② 庞巴维克:《原理》,第 181 页。我们在进一步论述中还会碰到主观交换价值的概念,那时将对这个概念进行详细批判。

③ 同上书,第 181 页。

断言，购买者对物品的评价仅仅取决于他“在其他市场倒卖物品时”可以赚取的货币总额（当然要扣除运费和商业费用），[1]并将货币总额分解到第二个市场的购买者的评价（根据效用评价）中。但所有这些远非如此简单。商人渴望获得最大限度的商业利润，而利润水平取决于一系列条件。庞巴维克本人指出了其中的一些条件：运费和商业费用。这意味着什么？这不是别的，正是确定商品价格的新数列（而且是在构成上十分不同的数列），但不知为什么将其作为无须解释的量。这些支出的每一个构成部分实际上都应加以解释。庞巴维克接下来认为，他对第二个市场的购买者作了评价，从而也就达到了解释的最终点。但他这只是自我欺骗。因为这些评价也同样继续分解。本来它们根本就没按纯“效用”来进行，因为一方面，这里有向以后的市场倒卖商品的自己的商人；另一方面，甚至是普通的购买者也不是直接而是按“替代效益”来评价商品。商人们的存在迫使我们与后者一起转向第三个市场，但由于那里也可能有商人，那我们就应该转向第四个、第五个市场，等等。然后，正如我们所看到的，一系列商品价格和对替代效益评价的客观现实都卷进来。这样，结果是一切现象都分解为许多部分，对其中的每一部分都不可能作出稍许令人满意的解释。

我们还应着重研究庞巴维克一个具有共性的反驳意见：这就是，对于指责他进行循环论证，庞想提出总的异议。

我们的作者写道：“解决循环论证问题的实质通常在于，依据

① 庞巴维克：《原理》，第 181 页。

假定的具体市场价格形成所作的主观价值评价，与该市场价格本身的形成所依据的主观价值评价是不同的，两者相反。虚幻的论证是由这里使用的‘主观价值评价’这两个词的辩证的同一发音决定的。如果在这种情况下不弄清楚和不引起注意，同一名称所涵盖的就不是同一种现象，而是仅在同一种符号下表现的各种不同的具体现象”。①

庞用下一个例子来说明这个论点：

“议会俱乐部有‘俱乐部强制性纪律’：其成员应按俱乐部全体会议多数人的决议在议会投票表决。很清楚，这里俱乐部的决议是由俱乐部某些成员的投票表决很好加以表达的，而俱乐部成员在议会的最后投票表决也是由俱乐部的决议很好地表达出来，而且在这种表达中丝毫不存在循环论证的迹象”。②

因此，庞想以他的一些主观评价是由另一些主观评价加以

① 庞巴维克：《资本与利息》第2卷，第1部分，第403页。Fussnote, “Das Wesentliche für die Zirkelfrage ist stets, dass jene subjektiven Wertschätzungen welche sich auf die vermutete Bildung eines konkreten Marktpreises aufstützen, andere sind als diejenigen, auf welche sich die Bildung eben dieses Marktpreises selbst aufstützt, und umgekehrt, Der Anschein eines Zirkels hängt nur an dem dialektischen Gleichklang der beiderseits gebrauchten Worte ‘subjektive Wertschätzung’ wenn dabei nicht ins Klare gestellt und nicht beachtet wird, dass derselbe Name bei derseits nicht ein und dasselbe Phänomen, sondern verschiedene konkrete Phänomene deckt, die nur unter denselben Gattungsnamen fallen.”

② 出处同上：“Ein parlamentarischer Klub hat ‘Klubzwang’: seine Mitglieder müssen im Parlament so abstimmen, wie es die Majorität der Klubversammlung beschlossen hat. Offenbar ist hier der Klubbeschluss ganz zutreffend aus der Abstimmung der einzelnen Mitglieder des Klubs, und die spatere Abstimmung der Mitglieder im Parlament ebenso zutreffend aus dem Klubbeschluss zu erklären, ohne dass im Mindesten ein Zirkel in der Erklärung vorläge.”

说明这一点来证明自己是对的。而我们应当加以补充，这“第二类主观评价”后面还应有“第三类”、“第四类”，等等。所有这些主观评价都各不相同这种情况，丝毫于事无补。要知道，边际效用理论的拥护者们与之进行激烈反驳论战的生产费用理论，也是把一些费用归入另一些费用，把一些价格归人另一些价格。但该理论并未因此而不再具有严整的理论系统。原因还是很清楚的：我们这里说的是一类现象要通过另一类现象来解释，而完全不是把同类的现象相互归并。在后种情况下，只是有可能在空间和时间上无限（或几乎无限）遥远。因此，任何这样的评价都将使我们远远超出当代现实的范围：我们将不停地倒过来打开电影胶片。但这绝不是解决理论问题，而是无休止地从庞廷到彼拉多。

事情的这种状况当然不是偶然的。正如我们以上指出的，庞应当陷入虚伪的圈子，因为学派充满个人主义的立场必然要将他推到这个地步。“奥地利人”不明白，个人的个性心理内涵决定于社会环境，社会的人，他的“个性的东西”在颇大程度上是“社会的”，“社会的原子”——这是如同“原始森林病态无产者”罗雪尔的奥地利人的捏造。① 因此，当分析鲁滨逊式的人物所杜撰的“动机”和“评价”时，事情进展得比较顺利，相反，只要一涉及到“当代现实”，就会出现不可克服的困难：从“与世隔绝的人”的心理不能架设通向从事商品生产的人心理的理论桥梁。如果拿后者的心理

① 这里的差别是，罗雪尔在社会前的人中看到无产者，而庞则是在无产者中看到社会前的人。

来说,商品世界经济现象的"客观"要素已经产生,这就是说,如果在这种情况下不确定这些要素,就不能将其从个人心理现象中完全排除。

这样,在替代效益学说中表现出奥地利学派方法论基础的错误,并最清楚地表明其理论完全站不住脚。通过本身是从主观价值中推断出的客观价值来确定主观价值,这是庞的主要错误。因此在解决其他一系列更加个性化的问题时,还会遇到变换了形式的这种错误。①

2. 边际效益规模与财货量

我们在研究价值量问题时已经明白,按照庞巴维克的观点,价值量决定于边际效益水平。现在可以针对决定边际效益水平的因素提出进一步的问题。

庞巴维克说:"这里我们应当指出需求与满足需求的手段之间的关系。"庞巴维克在分析这种相互关系时找到了表明"消费"与"财货"之间相互依赖关系的下述简单"规律":"它们(即需求。——尼·布哈林注)越多,越重要,可以用于满足需求的物质财

① 杜冈—巴拉诺夫斯基写道:"批评这个理论(即边际效用理论。——尼·布哈林注)的尝试在多数情况下是如此软弱无力,甚至不值得认真进行反驳。主要的反对意见,我们从日用品中得到的满足的量不容许进行数量比较这个论点,已被坎特推翻。"(杜冈—巴拉诺夫斯基:《政治经济学原理》,第二版,1911 年,第 56 页)但我们丝毫不认为这个反对意见是"主要的",相反,可以承认它是最不恰当的之一。很有趣的是,杜冈—巴拉诺夫斯基完全用缄默来回避哪怕是施托尔茨曼所提出的其他反对意见,后者的两本书杜冈—巴拉诺夫斯基是知道的。

货数量……越少，边际效益就越是应处在更高水平上”。①

因此，边际效益水平决定于两个因素：主观因素(需求)和客观因素(“财货”数量)。这个数量同样是由什么决定的呢？对于这个问题，奥地利人的理论未给予任何回答。② 该理论只不过是把产品数量视为给定的，即永远要求有该“稀缺”量。但这种观点在理论上是极其贫乏的，因为“经济”(其现象由政治经济学进行分析)包括经济活动首先是经济财货的生产。正如绍尔完全正确肯定的，这些财货“储备”的概念本身就要求有事先的生产过程，③是无论如何应当对财货评价施加巨大影响的现象。如果我们从静态转向动态，生产就会有更重要的意义。很清楚，以给定的财货储备为出发点的奥地利人的理论，不能解释经济动态的最起码的现象，甚至像价格运动这样的现象都解释不了，就不必说解释更复杂的现象了。与此相关，庞在价值水平问题上向我们提供的那些解释，马上就引出以下问题。例如，庞巴维克说：“珍珠和钻石”的数量竟然(!)是如此有限，以至于只能在很小的程度上满足人们对它们的需

① 庞巴维克：《原理》，第 60 页。

② “为把价值问题的研究进行到底，必须弄清楚，为什么一些物品生产得少，而另一些物品则生产得多……但读者若是从边际效用的理论家那里寻找明确答案是徒劳无益的。”(杜冈—巴拉诺夫斯基，第 1 册，第 46 页)

③ 我们已经可以确认，在庞巴维克的著作中缺少研究经济特征的例子，这些对任何经济来说都是必不可少的，即主观经济活动……储备货物不仅是为了人类，而且还是为了任何生存方式，即只有作为某个活动可能产生的结果(亚历山大·朔尔：《边际效用理论批判》，康拉德年刊，第 23 卷，第 248 页)。还见施托尔茨曼：《国民经济的目标》，第 701 页：“首先通过现有储备大小，即最终产品，原来的原始因素，土地和劳动而产生了可提供的范围，数量，任何物品的生产样本以及因此而首先出现的可能消费的实际大小。”

求,而达到满足的边际效益是相对很高的;同时,我们真幸运,我们通常有这样大量的粮食和铁、水和空气,因而满足相关的需求中所有更重要的需求是完全有保证的。①

"竟然!""通常有!"那么,对于劳动生产率提高引起价格惨跌的所谓"价格革命",庞巴维克能说些什么?这里不能满足于"通常有"这一句话。读者大概发现,庞是有些倾向性地选择自己的例子。庞不是解释典型产品——商品即直接带有工厂生产商标的产品的价值,而是谈论水和空气。在"粮食"上就已经看出我们教授的观点并不充分:这只要回想一下80年代由海外竞争引起的农业危机开始时粮食价格的急剧下跌就够了。"财货的数量"马上发生了变化。因为什么?因为庞巴维克几乎只字不提的新的生产条件出现在舞台上。② 同时,生产过程也绝不是像庞巴维克所认为的那样是基本情况的"复杂化情形"和变体。相反,生产是一般社会生活特别是社会生活经济方面的基础。财货的"稀缺"(我们完全有权脱离开的某些情况除外)是一定生产条件的反映,是社会劳动耗费的作用。③ 因此,原来是"稀缺的东西",可能由于条件的变化而得到最广泛的普及。"为什么棉花、马铃薯和烧酒是资产阶级社

① 庞巴维克:《原理》,第49页。

② 根据热列兹诺夫先生公正的见解,奥地利人"忘记了,人们在自己的经济活动中试图付出专门的努力来克服他们周围自然的微薄恩赐,由于这些努力,人依附于物质世界的界限变得更富有弹性并逐渐扩展"(热列兹诺夫:《政治经济学论文集》,莫斯科,1912年版,第380页)。

③ "……相对稀缺性从主观方面使它(即商品。——尼·布哈林注)成为评价对象,同时,从社会观点客观地看,商品的稀缺是劳动耗费的作用,而其客观尺度反映在劳动耗费量中。"见希法亭:《庞巴维克的马克思批判》,第13页。

会的基石呢？因为生产这些东西需要的劳动最少，因此它们的价格也就最低。”[①]但这些产品绝不总是起这种作用。无论是棉花还是马铃薯，只是随着社会劳动制度的变化，只是在这些产品的生产和再生产费用(及其运输费用)尚未达到一定的量时，才能发挥这种作用。[②]

这样，由于不回答“财货”量是由什么决定这一问题，庞巴维克也就不能详尽回答这样或那样的边际效益水平是由什么决定的问题。

到目前为止，我们与庞巴维克一起提出了抽象的问题。现在我们转入交换经济的“变态影响”。正如可以事先推测的那样，庞巴维克这里的解释将是极其混乱的。

这样，“交换的存在在这种情形下产生一系列的复杂情况。它在任何时候都提供能扩大某种需求满足程度的机会，这当然是靠相应减少另一种需求的满足程度来实现的……由于这种情况，影响边际效益水平的一系列因素变得如下之复杂：第一，这里发挥作用的是为全社会被评价的那种物质财货而存在的需求与满足需求手段之间的关系，社会也由于交换的存在而成为一个整体。这种关系……决定着需要付价款购买新的一种物质财货以补充满足相关需求中的不足的那种价格的水平”，并影响“获得短缺的那一份所必须的那部分另一种物质财货的量。第二，这里发挥作用的是

① 《马克思恩格斯全集》第4卷，人民出版社1958年版，第105页。

② 庞在书的另一部分中承认这一点的意义，只是证明其前后不一致性，因为生产费用在他那里取决于边际效益。形成一个虚伪的圈子。关于这一点最好还是在以下另一方面谈。卡弗的观点完全不局限于研究从天上掉下来的陨石。他首先分析再生产出来的财货。见卡弗，第1卷，第27—31页。

为进行评价的个人本人在取得部分物质财货以补充不足的范围内而存在的需求与满足需求手段之间的关系;满足手段的减少所涉及的低层次或高层次的需要,就取决于这种关系。因而,只得放弃不大的或是很大的边际效益”。①

因此,决定个人主观评价水平(“边际效益”水平)的因素首先是商品的社会需求与社会供给之间的关系,因为价格决定于这种关系:新的一种商品的价格越高,对旧的那种商品的主观评价也越高。

不难发现,这里又隐藏着一系列的矛盾。首先,我们在分析替代效益学说时的规定依然有效,即应当从中推定出价格的主观评价,本身要求有这种价格。接着,作为决定价格的终极,出现供求规律,按奥地利人本人的观点,该规律也应当归结为支配主观评价的规律,即“归根到底”归结为边际效益规律。实际上,如果不要只由一个供求规律来作进一步说明,就能对价格作出满意的解释,那么,整个主观价值理论还有什么用?最后,按照边际效用理论,既然供求规律本身只有以支配主观评价的规律为基础才可以理解,那么,我们用来解释主观评价的那些“价格”,本身就变为主观的评价。但在存在交换的情况下,这些主观评价属于一般规律的范围并取决于价格。② 因此,我们又碰到了在庞巴维克那里应当到处发出的这种既熟悉又悦耳的声音,

① 庞巴维克:《原理》,第 61 页。

② 这里有兴趣指出下列情况。以前(在愿意摆脱替代效益学说理论的矛盾时)庞坚持认为,价格不可能成为指导性原则,因为一个人按价购物的那个价格,在这个人积极参与时就已在市场上形成。现在庞完全忘记了这一点。

因为这声音直接源于学派对“个人”与“社会整体”之间关系的完全不正确的观点。

3. 不同使用方式下的财货价值量。主观交换价值。货币

到目前为止我们考察的是应予评价的财货满足某一种需求的那些情形。现在我们面临的任务是与庞巴维克一起考察同一种财货可能用于满足各种不同需求时的情形。

庞巴维克说:“回答这个问题并不难:在这类情况下最高边际效益总是确定价值的基础……物品真实的边际效益与从经济观点来看尚有该物品使用意义的最低效益相同。如果不得不对我们所支配的同一物品在一些不同的相互排斥的使用方法之间做出选择,那么,在合理管理经济的情况下,显然应选择这些使用方法中最重要的,因为只有这一种方法在这些条件下从经济的观点来看是有利的。其他所有不太重要的使用方法被放到一旁,因而它们不能对用于满足完全是另一种需求的物品价值的确定产生影响。”[①]庞由此得出下列总的定义:“如果物质财货允许有若干相互不相容的使用方法,而且在每一种使用方法下能够产生不同的高边际效益,那么,物质财货的价值量决定于在这些满足方式下所取得的最高边际效益”。[②]

① 庞巴维克:《原理》,第78页。

② 同上。着重号系我们所加。

这里首先是术语的奇怪令人吃惊。"最高效益"原来是"从经济观点来看尚有该物品使用意义的最低效益"。为什么这种效益是"最低的"——这完全令人费解。但事情的本质并不在于此。如果我们尝试着将庞巴维克得到的公式用于实际经济生活,我们又会发现我们已经不止一次遇到那个错误,这就是发现作为庞巴维克推论基础的循环论证。实际上,我们可以想象最简单的情形:我们有财货 A,将其卖出后我们可以用收回的钱购买一系列物品:或是 x 商品 B,或是 y 商品 C,或是 z 商品 D,等等。很明显,所购买商品的种类,就是说,我们财货的使用方法将取决于市场上所规定的商品价格:我们要考虑商品在此时是贵还是贱才能购买某种商品。同样,如果我们谈的是选择对生产资料的"使用方法",那么,我们要根据不同生产部门的产品价格来做这种选择,即正如古·埃克施泰因所正确指出的,使用方法问题"已经事先要求有价格"。①

这个错误在主观交换价值学说中得以最充分的集中体现。

庞巴维克区分了作为其两种"使用"形式基础的财货的两种"多面性",这就是:各种不同的使用形式可能是财货的"技术多面性"的结果,也可能是该财货有能力换取另类财货的结果。这后一种情况当然是交换关系越发达,就显现得越明显。把主观价值划分为主观使用价值和主观交换价值,正是以财货的这种双重意义为基础的,即一方面是作为满足直接或间接需求的手段(而且后者

① 见古斯塔夫·埃克施泰因:《政治经济学原理》,载《新时代》,XXVIII,第 371 页。

是指生产资料的消费)，另一方面是作为交换手段。①

庞巴维克说："使用价值的量决定于……所有者从直接用于满足自己需求的被评价物品中得到的边际效益量……，主观交换价值量决定于用以交换该物品的物质财货的边际效益。"②

由此得出结论，"主观交换价值的量取决于两种情况：一是取决于物品的客观交换能力(客观交换价值)，因为可以获得用于交换该物品的物质财货的数量是由这种客观交换能力的量决定的；二是取决于需求的性质和规模，取决于所有者的财产状况"。③

我们几乎全部列举了庞巴维克的表述，因为主观交换价值概念的荒谬和自相矛盾由庞巴维克本人异常清晰地表达出来。要知道，正是我们的艺术大师对我们说，"主观交换价值的量应取决于……客观交换价值……"(着重号系我们所加。——尼·布哈林注)。这里"客观的"市场世界不是偷偷摸摸而来的；相反，以个人心理为根据的理论的破产就表现在主观交换价值量的确定本身。④

由此，下述情况就使人能够理解，即奥地利理论的最明显的徒

① 关于需求的"直接"和"间接"满足应当指出，庞这里回避了门格尔的术语："在第一种情况(即在自然经济中。——尼·布哈林注)的价值和第二种情况的价值中只不过是经济生活中出现的两种形式……但在任何两种情况中出现的价值具有特别的性质。那些作为经济主体的货物具有同样的性质，在第一种情况下直接获得利益，在第二种情况下却间接地达到了应用的意义，这就是我们所说的商品价值，我们把在第一种情况下的价值称为使用价值，第二种则称为交换价值。"门格尔：《国民经济原理的规律》，维也纳，1871年，第214、215页。

② 庞巴维克：《原理》，第80页。

③ 同上。

④ 《法律观察》，威·沙林说："商品特性的'主观估计'(在间接评价的情况下。——尼·布哈林注)似乎对于主观交换价值来说是无关紧要的。"(威·沙林，第1卷，第29页)

劳无益之处就表现在货币问题上。维塞尔说:“货币是最多面性的财货。在其他任何一种财货中都不能得到关于边际效益思想的这种明晰的概念”。[①] 边际效用最杰出理论家之一的这个论点,如果将其与新学派在该领域所取得的成果相比,听起来特具讽刺意味。众所周知,货币与其他所有商品的区别,就在于它是商品的一般等价物。正是货币的这种属性即是抽象交换价值的一般表达者,使得从边际效用的角度分析货币特别困难。[②] 实际上,现代经济制度的代理人在任何现货交易成交时,仅仅是从货币“购买力”的角度,即从货币客观交换价值的角度来看待货币。没有一个“经营主体”会想到要从黄金满足“装饰需求”的能力出发来评价自己的现存黄金。在货币作为含金商品和作为货币的二重使用价值的情况下,[③]评价货币正是以其后一种职能为基础。如果分析普通商品的价值时有必要确定社会联系的存在,而社会联系则要排除对经济现象从个人主义出发的一切解释(见以上对替代效益学说的分析),那么这些社会联系就在货币中得到最充分的表现。货币正是这样一种“财货”,即对这种财货的主观评价按奥地利学派的术语就是主观交换价值。我们揭露这一概念的矛盾性和逻辑上经不起

① “Das vielseitigste Gut ist indess das Geld... An keinem anderen Gute kann man eine so deutliche Vorstellung von der ldee des Grenznutzens gewinnen...”(维塞尔:《自然规律》,维也纳,1889 年,第 13 页)

② 有趣的是,在专门研究货币的重要文章中(见《国家科学简明词典》,第 4 卷),门格尔几乎完全不对货币进行理论分析。

③ “货币商品的使用价值二重化了。它作为商品具有特殊的使用价值,如金可以镶牙,可以用作奢侈品的原材料等等,此外,它又取得一种由它的特殊的社会职能产生的形式上的使用价值。”马克思:《资本论》第 1 卷,人民出版社 1975 年版,第 108 页。

推敲，从而揭露整个货币理论的“基本错误”。古斯塔夫·埃克施泰因很好地说出了这个错误，他说：“货币的客观交换价值可见是由主观使用价值形成的；后者是货币的主观交换价值，而主观交换价值也同样取决于货币的客观交换价值”①……即货币的客观交换价值是通过货币的客观价值确定的。

货币和货币流通理论在一定程度上可以作为一切价值理论的试金石，因为在货币中恰好最明显地体现出极复杂的人际关系。正因如此，“以自己的金属光泽使眼睛发花”的“货币崇拜的奥秘”，至今仍是政治经济学最复杂的谜语之一。马克思在《资本论》和《批判》中提供了货币分析的经典范例，而且他研究货币的著作是以往任何时候写成的这方面最出色的著作之一。相反，在奥地利学派的货币“理论”中明显不过地反映出整个结构在理论上的完全无益，反映出该学派在理论上的完全破产。②

① “Der objektive Tauschwert des Geldes resultirt also aus seinem subjektiven Gebrauchswert, dieser besteht in seinem subjektiven Tauschwert, welcher wieder abhangig ist von seinem objektiven Tauschwert. Das Schlussergebniss hat also eine ähnliche Stringenz und einen ähnlichen Wert wie der bekannte Lehrsatz, dass die Armut von der pauvreté komme.”古斯塔夫·埃克施泰因：《边际效用原理不充分理由的多种根源》，载《新时代》，22，Ⅱ，第812页。在俄国文献中也指出了这一点。例如见马努伊洛夫：《经典学派经济学家学说的价值概念》，第26页。

② 奥地利学派的最新拥护者之一，货币理论专家米泽斯在其《资金和流动资金理论》一书中（我们援引希法亭在《新时代》，第30年刊，第2卷，第10、25页等的书评），承认奥地利人提出的货币理论不能令人满意。他就这个问题写道：“如果对主体的货币价值进行考察而不研究他客体的交换价值，是不可能的。与商品恰好相反，货币他客体的交换价值、购买力的存在是需求的一个不可忽略的前提条件。主体的货币价值总可以追溯到由货币交换而得到其他经济货物的主体的价值上。主体的货币价值是一个派生出来的概念。如果有人想估量一下一定数目的、制约着需求满足的货币的意义时，那么，这个坏东西只能借助于货币的客体的交换价值。每次对货币的评价都是

4. 互补性财货的价值(认定理论)

奥地利人深入研究的最混乱的问题之一,是所谓的"互补性"(门格尔)财货的价值问题,或者是经济认定理论(Zurechnungs-theorie——维塞尔引入的术语)。

庞将互补性财货称之为是相互补充的财货:在这种情况下,"要求若干物质财货共同发挥作用来获取经济效益,而且若是其中的一种财货不足,目的就完全不可能达到,或是只能不充分地达到"。[①]作为这些财货的例子,庞巴维克列举了纸张、钢笔和墨水,针和线,一双两只手套,等等。很清楚,这些类型的互补性财货特别经常地在生产性财货中遇到,因为生产条件要求一系列因素发挥共同作用,而且这些因素其中一种的缺失,常常会破坏整个组合,并使其他所有因素的作用化为乌有。庞在分析互补性财货价值的同时,确定了一系列的特殊"规律",这些规律其实"全都在边际效益一般规律的范围之内"。庞将整类财货的价值作为分析的出发点,并确定了下述论点:"整类物质财货的总价值,多数情况下决定于在共同作用条件下所有这些物质财货可以带来的边际效益的量。"[②]如果A、B、C三种财货可以在共同使用条件下带来经济

以它一定目的的购买力为基础的"(第25页)。米泽斯本人试图历史性地克服虚伪圈子,类似于庞巴维克在替代价值这部分中所做的那样,显然也是要取得这样的成就。关于这方面,见希法亭,第1卷,第1025、1026页。

① 庞巴维克:《原理》,第84页。

② 同上书,第84—85页。

关系中最有利的100个价值单位的利益，那么，整类财货的价值就等于100。但在庞那里这只不过是在“一般正常情况下”的情形。应当将我们上面谈到的替代规律(见对替代效益学说的分析)生效时的特殊情况与这种“正常情况”区别开。这就是，例如如果在联合使用条件下所获得的边际效益等于100，而这一组三个成分单独的“替代价值”却只有20、30和40，也就是总共只有90，那么，就不是获得联合边际效益的100，而是只获得少一些效益的90，即取决于全部三种物质财货的总和。[①] 这个“细节”(对于资本主义制度是非常“正常的”。——我们在括号中指出这一点)并没有使庞巴维克感兴趣，他分析的是这样一种“一般”情况：“在联合使用条件下获得的边际效益同时是决定物质财货价值的现有边际效益”。[②]

这样，整类财货的价值先要有已知数。问题是要确定这总价值在纳入其构成的某些财货之间进行分配的那种关系。这就是“经济认定”问题。按照奥地利人的理论，应将这种经济认定与其他任何“认定”如法律认定、道德认定、身体认定区别开。维塞尔说，以前的理论家的错误在于，“他们想知道每一个因素创造了物质上总产品的哪些份额……而这无从知晓”。[③] 庞巴维克也持类

① 庞巴维克：《原理》，第85页。

② 同上。

③ “Sie wollen erfahren, welchen Anteil des gemeinsamen Productes, *physikalisch genommen*, jeder Faktor hervorgebracht hat, oder von welchem Teile der Wirkung jeder die *physische Ursache* sei. Das aber ist nicht zu erfahren.”(维塞尔：《自然界价值》，第72页)司徒卢威，第1集，第2卷，莫斯科，1916年。

似的观点,他在这个问题上完全同意维塞尔的意见。[①] 在这一类别的不同部分之间分配价值时,会产生各种各样的相互关系,这些关系按庞的说法取决于"该情形的各种具体特点"。我们与庞巴维克一起来研究三种基本情况。

Ⅰ. 此类财货只有在共同作用下才能带来效益,并且不能替代。在这种情况下,每一种物品是全部互补类财货总价值的体现者。

Ⅱ. 这一类财货的某些组成部分可能超出该互补类财货而用作他途。"在这类情况下,单个物品的价值已经不是在'什么都没有'和'所有一切'之间波动,而仅仅是在作为最低限度单独使用的条件下该物品能够带来的边际效益量,与从中扣除其余组成部分的单独边际效益而作为最大限度的组合边际效益量之间波动。"[②] 就算是A、B、C三种财货在共同使用条件下会带来用数字100表示的效益;就算是在互补类财货以外(即在另一种"使用方式"下)三种财货的"单个价值"是:A——10、B——20、C——30。这时,"单个价值"A等于10;相反,价值A作为互补类财货的一个部分(预计有A"丧失"的情况和由这种"丧失"所引起的这类财货的分散情况)将等于100-(20+30)的表达式,即等于50。

Ⅲ. 一类财货的一部分成分可以替代。这里替代原则产生作

---

① 见《原理》,第91页;《资本与利息》第2卷,第1部分,第285页脚注:"如果物理学大部分是不可计算的,这是无关紧要的。相反,如果一个确定的唯一因素不存在,以及通过占有和存在着的因素,决定我们所说的经济份额在全部产品中的比例的话,那么通常能明确指出,关于利益和价值缺少的是哪些数额"。

② 《原理》,第86页。

用。这种情形的总公式是这样的："可以替代的互补类财货组成部分的价值稳定在一定的水平上，而不论这些组成部分的具体互补使用情况如何。该价值是为了这些互补类财货组成部分，并在某些组成部分之间分配这一类财货的总价值条件下而处在这个水平上。这种分配是这样进行的：从整类财货的总价值中，即由联合使用情况下获得的边际效益所决定的价值中，首先划分出可替代部分的不变价值，而随边际效益量波动的剩余部分作为可替代部分的单独价值，分摊到不可替代的那些部分的份额上。"①

这就是概括的"经济认定"理论。毫无疑问，对不同生产因素的产品价值的"认定"是某种实际进行的心理过程。② 既然我们面前有个人心理现象，有"评价"等，那么就可能将产品价值列入各种不同"因素"内。③ 研究这些现象能否会令人满意地解决问题，当然是另外的问题。对于我们来说，只要分析研究最典型的情形就足够了，这就是替代评价起决定性作用的情况。首先，将何种"产品价值"认定为是互补类？它在资本家眼中表现为什么？

① 《原理》，第 89 页。

② 如果可以根据经济实践经验来评价的话，那么分配则有一个规律，没有人会放弃实践，因为所有产量要归功于生产要素的总和。每个人理解和或多或少地彻底利用利润分配的技巧；一个成功的商人必须知道和明白，一个好工人能给他带来什么，就好像是一台机器，他必须计算原料的多少，能提供哪些利润，哪些产地。他不知道这些，只可能将成批的产品投入和产品成果进行对比，假如成果没有预期的那么好的话，他就根本不能有一个答复。

③ 我们附带说明，这只是在我们描述商品生产者的个人心理时才是正确的。如果我们采取社会的观点，问题就完全不同。这时一切"经济认定"可能只涉及社会劳动。马克思把这两种观点明确区别开来（例如计算全部资本的利润，而不是资本可变部分的利润）。我们觉得，帕尔弗斯在自己对庞的利润理论进行机智巧妙批判时好像是忽略了这个区别。见他的：《经济学魔术》，载《新时代》年刊，第 10 页。

以上我们看到,甚至庞巴维克也把资本主义商品生产者对商品的评价几乎变得毫无意义。商品的边际效益对资本家来说并不是作为其评价标准而存在。另一方面,谈论某种“社会的”边际效用也是荒唐的。[①] 资本家在此种情况下可以谈论的事情(和他实际上谈论的),以及他时而“列入”自己生产资本的一部分,时而又“列入”自己生产资本的另一部分的东西,不是别的,正是产品的价格。这就是说,某一种生产因素和某一种互补类财货成分的确定,正如庞巴维克所坚决主张的那样,首先取决于产品的价格,而完全不取决于产品的边际效益。接下来,在我们的典型场合,互补类财货的成分可以替代,即任何时候都能在市场上买到。我们的资本家还要特别关注,他花多少钱能买某一台机器,用多少钱能雇用一个工人,等等。换言之,他十分感兴趣的是生产资料的市场价格,并依靠这种价格,时而使用新机器,时而更愿意雇用追加的劳动力,时而扩大生产,时而缩小生产。最后,这里有时夹杂着客观给出的经济数量的另一个范畴,这就是利息水平。实际上,例如土地占有者如何评估自己的土地?在庞巴维克看来,这种评估是这样进行的:“从收入总额中首先扣除‘生产费用’(“能够替代的该替代价值生产资料的支出”)。[②] 土地占有者将剩余部分‘列在’自己的土地支出项下。”[③]这就是人们所说的地租,地租收入的资本化产

① “……在流通经济中不存在与社会边际效用价值相符合的东西。”(熊彼特:《关于责任问题的解释》,载《国民经济、社会政治和管理杂志》,第 18 卷(1909 年),第 102 页。)

② 庞巴维克:《原理》,第 90 页。

③ 同上。

生土地的价格。为什么会是这样，即通过地租收入的资本化来评估每一个地块，这是用不着证明的：任何的实际情况都会证明这个思想是正确的。但这种估价必须以已知的利息水平为前提，而资本化结果完全取决于该利息水平。

这样我们看到，庞巴维克甚至对"生产者"的拜物教心理也作了不准确的描述，从中排除了每次出现的"客观"因素，即我们要求的商品生产，和在更大程度上的资本主义商品生产。

"经济认定"理论在奥地利学派代表人物那里是向分配理论的直接过渡。因此，我们这里把庞巴维克所涉及的一系列问题放在一边，以便在分析他的利润理论时再回过头来研究。①

5. 生产性财货的价值。生产费用

像马克思这样的政治经济学经典学派在分析消费品价值的组成部分时，将这一价值在很大程度上归为耗费的生产资料价值；不论这种分析采取何种具体形式，生产资料的价值是可自由再生产财货价值的决定因素的这一思想仍然是作为这种分析基础的普遍思想。相反，根据奥地利理论家的学说，它们的（即生产性财货的）价值等于以消费性财货表现的"预期工资的预期价值"。其实这正

---

① 维塞尔与庞巴维克之间在"认定"问题上的分歧，主要是使两位理论家相区别的其对财货总量价值看法上的不同点，是我们在以上有关部分提及的观点。对此请见庞巴维克的《资本与利息》第2卷，第2部分，附录7。熊彼特也在我们上面已经引用的《关于责任问题的解释》（《国民经济、社会政治和管理杂志》，第18卷）中由于批判"总值"概念而对维塞尔进行了类似的批判。

是政治经济学新体系的实际基本思想与经典政治经济学的对立所在。这种对立在于,我们从消费性财货的价值出发,将价格形成理论建立在这个基础之上,并从消费性财货的价值中剔除生产性财货的价值,再对生产性财货的价值加以解释(这在此种情况下是必须的)。① 我们将更加详细地阐述这个"基本思想"。根据门格尔(更确切地说是戈森)的例子,庞巴维克把全部财货按其对消费过程的大小相近程度划分为若干等级。这样一来,我们就有了,第一,消费性财货;第二,与该消费性财货直接相关联的那些生产性财货,或者说是"一级生产性财货";紧随其后的是一级财货的生产资料,或者说是"二级生产性财货",等等。后一种财货叫做"最高级别"财货或"远级别"财货。这些"最高级别"财货的价值是由什么决定的?庞是这样论述的:任何财货,从而也包括任何"最高级别"的财货,即任何生产资料,只有在它(直接或间接)满足某种需求的情况下,才具有价值。假定我们有消费性财货 A,它是由于使用一系列生产性财货 G_2、G_3、G_4(数字 2、3、4 表示财货的"等级",即它们远离消费性财货 A 的程度)而产生的。很明显,财货 G_1,决定产品 A 边际效益的取得。"因此,这后者的边际效益取决于 G_2,正如取决于最终产品 A 本身一样。"②庞巴维克在做类似推论

① "... Ihr Wert ist gleich dem 'erwarteten Werte des erwarteten Ertrages' an Genussgutern. Und darin nun liegt der wahre Grundgedanke des neueren Systems der Oekonomie im Gegensatz zu dem der Klassiker. Er liegt darin, das wir, vom Werte der Genussguter ausgehend, die Theorie der Preisbildung darauf basieren und uns den Wert der Produktivguter, den wir bei diesem Vorgehen ja auch brauchen, dadurch verschaffen, dass wir ihn aus dem der Genussguter ableiten." 熊彼特:《注释》,第 83 页。

② 庞巴维克:《原理》,第 95—96 页。

的同时，得出如下结论：

“同一种利益，指的是福利即生产资料最终产品的边际效益，取决于由一类转为另一类的相差甚远类别的全部生产资料。”[①]因此，“边际效益的量首先并直接地反映在最终产品的价值上。最终产品的价值成为确定最终产品是物质财货直接产品的这类物质财货价值的基础。这类物质财货的价值是第三类物质财货价值的基础，而后一类物质财货是第四类物质财货价值的基础。因此，从一类财货到另一类财货正是决定价值的要素的名称发生了变化，但不同名称下是同一本质在起作用，这就是最终产品的边际效益”。[②] 如果我们不注意同一生产资料可以用于(并通常用于)创造各种不同的使用价值这一情况，就会出现这种情形。我们假定生产性财货 G_2 可以用于三个生产部门，而且获得带有 100、120、200 价值单位的相关边际效用的 A、B、C 产品。庞巴维克诚如分析消费性财货价值时所做的论述那样，得出了一个结论，即 G_2 范畴的一类生产性财货的丧失，会导致以最小边际效用生产产品的生产部门的减少。由此导出下列论点：

“生产资料的单位价值决定于边际效益和在全部产品中具有最低边际效益的产品的价值，经济核算能够将这种生产资料单位用于这全部产品的生产。”[③]在庞巴维克看来，这个规律说明了生产费用的“典型”规律。这就是，其边际效用不是最低边际效用的

① 庞巴维克：《原理》，第 96 页。

② 同上书，第 97 页。

③ 同上书，第 103 页。

那些财货的价值(我们的例子是B类和C类),不是由这些财货的边际效用而是由生产资料的价值("生产费用")决定的,而生产资料的价值同样也是由"边际产品"("Grenzprodukt")即其边际效益是最低的产品的价值和边际效用决定的。这样,这里起作用的是我们以上谈到的替代原则。因此,对于除"边际产品"以外的"在生产上相似的"[1]所有类型的财货来说,生产费用是决定性因素("生产资料的价值是决定因素,而产品价值是被决定因素"见第105页);但这后一个量即生产资料的价值本身决定于边际产品的价值及其边际效用。"归根到底"边际效用是决定性的量,而生产费用规律是"个别规律",因为"生产费用不是最终因素,而始终只是决定物质财货价值的中间因素"。[2]

这就是概括起来的新学派所发展的生产性财货价值理论。我们从其关于生产资料价值取决于产品价值的"基本思想"开始,转入对这一理论的批判。[3]

由技术进步导致商品价格跌落的事实,是作为"旧"理论基础的最重要的经验过的事实,该理论宣称,生产费用是决定产品价值(即价格)的因素。减少生产费用与降低商品价格之间的联系好像是完全清楚的。这种现象必须作为庞巴维克自身理论的试金石首

---

① "亲缘生产性财货"——庞巴维克就是这样称呼用相同生产资料生产的财货。

② 庞巴维克:《原理》,第106—107页。

③ 我们这里指的是再生产"财货"。不可再生产的财货(如果按照马克思的术语是其价格而非价值)理论需要做专门研究。在我们看来,可自由再生产财货的价值理论恰恰是重要的,因为这里指出了整个社会发展的路径,而揭示社会发展规律的正是政治经济学的基本任务。与土地价格问题相关的马克思的地租理论是不可再生产财货价格理论的范例。

先向他提出来。

关于这一点庞巴维克是这样论述的。

他说，我们假定开新的铜矿。这种情况会造成(如果不打算相应地大量增加需求)铜制品的价值下跌。这样，推动力来自于生产性财货领域。庞断言，这并不意味着铜价值的下跌是最初的原因。按庞的观点，事情是这样发生的：铜数量的增加导致铜制品数量的增加，后一种情况会伴随着这些产品价值的下跌，而产品价值的这种下跌是生产性财货(铜)价值下跌的结果。[①]

我们更详细地研究这个论点。首先，十分清楚，任何生产性财货，只要它确实是生产性财货，即是生产某种有用产品的手段，它就可能具有价值(无论我们是在何种意义上使用这个概念，是从马克思客观价值的角度，还是从庞巴维克主观价值的角度，均是如此)。只有从这个意义上才可以像谈论生产性财货价值的“原因”那样谈论产品价值。[②] 如果我们这里“原因”指的正是“动因”，则完全是另一回事。

---

① 我们将这有意思的部分全部引用如下：“在此我有一个想法，把我们所说的原因归到产品性能方面，而不是归到产品性能的价值方面，因为我觉得，构成这一原因起因于发生在产品性能中的情况，接下来的联合原因是发生在产品性能的价值中，而不是先于生产价值之后而发生的。生活手段使用频繁程度大小间接取决于微不足道的生产价值。但是同样间接取决于生产手段的价值尽管不是原因，但却是微不足道生产价值的结果。这种相互连接，即大量铜矿石生产出大量铜矿石产品，这就影响了根据产品性质而引起的存在着的需求饱和。通过少量需求而取代了不由自主的需求，由此边际效用价值和铜矿石的价值以及最终的通过调解边际效用价值和铜矿石生产性能价值都被降低下来。”(庞巴维克：《资本与利息》，第 2 部分，附录 8，第 257 页。)

② 准确地说，这不是原因，而是条件。不明白这一点会导致相互作用理论在社会学领域所造成的那种混乱。例如比较迪策尔：“这种二者必择其一(即原因是什么：是生产费用的价值，还是产品价值。——尼·布哈林)的可能性是不存在的，而是生产

正如我们看到的那样,这种动因来自于生产性财货领域。产生一个问题,这里是否像庞巴维克所认为的那样,仅是指生产资料的**数量**,或与此同时增加这个数量,从而使得生产资料的价值减少(在后一种情况下产品价值是被决定的量)。毫无疑问,将生产资料的量与其价值**相对立**毫无理由。[①]首先,有一种情况惹人注目,即生产性财货价值(即从实质上说是**价格**,下面谈这个问题)的跌落在时间顺序上要先于消费品价值的跌落。市场上出现的任何一种商品不仅代表着一定数量的物品,而且代表着一定的价值量。数量过多而抛售的铜,远在铜制品价格降低之前就已经降价。诚然,庞巴维克对此也有异议。这就是,他指出这样一种情况,即"最高级别"财货的价值支配的不是财货现在所具有的那种"最低级别"财货的价值,而支配的是进入生产领域的生产资料数量增加情况下财货**将具有**的价值。[②]然而,如果总的说来生产资料和消费品之间的距离是如此之大,甚至边际效用理论的拥护者们本身也怀

资料的价值和消费性财货的价值相互决定的。如果生产资料所制成的产品(消费性财货)没有价值,即无用的而且现有的对象过多的话,则此生产资料就没有经济价值。因此,产品的价值就像是生产资料价值的渊源。"(迪策尔:《古典的价值和价格理论》,康拉德年刊,第 3 期,第 1 卷,第 694 页。)

① "庞巴维克……认为,不是价值而是生产手段的使用频繁程度在这种情况下间接地降低了生产价值,这是个很完美的想法。但它没有这句话更符合事实:不是生产价值而是产品需求在生产手段的价值中是起反作用的。它的对立面是肯定的,即不是价值而是频繁程度不具有说服力的。生产质量的频繁程度只影响了推测的生产价值以及推测的产量。当他们首先已影响了生产手段价值或者已预料到这种影响,当通过卡特尔或者是通过大量对生产手段在其他方面应用的咨询而排除生产手段价值的影响,那么它就不能起任何作用。"(阿德勒:《资本利息和价格波动》,杜恩克和胡姆伯勒出版,慕尼黑和莱比锡,1913 年,第 13—14 页脚注。)

② 见附录 8(《价值和成本》),第 258 页脚注。

疑生产资料价值取决于产品价值这一论点的正确性,[1]那么在此种情况下,在抛售到市场上去的生产资料的数量发生变化的条件下,十分明显,就不能确定庞所说的这种依存性。我们这里可以把庞巴维克自己的论点与其主张相比较,他的论点足以说清这个问题。庞写道:"如果我们研究,生产资料……具有何种价值,那我们就会发现,这种价值是由边际产品 A 的边际效益决定的。不过在很多情况下我们觉得没有必要从事这类研究。在很多情况下,我们已经事先知道生产资料的价值,而无须一步步再从其价值来源中计算得出……"我们在对此处的注释中找到了下列补充:"尤其是劳动分工和交换的存在也大大有助于中间产品价值的时常(!)独立确定。"[2]

很遗憾,庞巴维克没有发展自己的思想,也没有向我们证明,为什么劳动分工和交换会对生产性财货价值"独立性"的确定产生这种决定性的影响。实际上,事情是这样发生的:现代社会绝非是能使生产有计划地适应消费的和谐发达的整体;生产和消费现在相互分离,这是经济生活不同的两端;顺便说一句,生产如脱离消费还会表现为像危机这样的经济震荡。生产的代理人自己绝不能依据"边际效用"来评价自己的产品,正如我们在上面看到的,甚至消费品的情况也是如此。这个特点在生产资料的生产领域表现得尤为突出。无秩序建成的社会,其某些单个生产部分的连贯性绝不是最终由社会消费来调节的有计划的连贯性,这种社会必然导

① 沙林:《边际效用价值学说与极限值原理》,康拉德年刊,第 25 页:"当人们能够进行这种计算时,那这一算式将变得很长"。

② 庞巴维克:《原理》,第 105—106 页;注释在第 106 页,着重号系我们所加。

致可以假定描述为是“为生产而生产”的情况。而后一种情况也同样形成资本主义生产代理人的心理(分析这种心理是庞巴维克的任务),但与这后者所要求的完全不同。我们实际上从评价生产资料的卖方开始。他们就是将资本投入到从事生产资料制造的那些生产领域的资本家。该企业主方面对生产出的生产资料的评价是由什么决定的?当然,他评价自己的商品(“生产性财货”)绝不是根据用该商品所生产的产品的边际效用;他是根据其商品在市场上能够得到的那种价格来评价自己的商品。换言之,用庞的术语来说,他是按主观交换价值来评价自己的商品。[①] 现在我们假定,该“生产者”采用了新技术,扩大了生产:现在他将有能力向市场大量抛售自己的商品即生产资料。在这种情况下,对单位商品的评价将向哪一方面发生变化呢?当然是降低。但在生产者眼里,单位商品评价的降低不是由于用他的商品制造的产品价格下跌,而是由于他力图降低这些价格,以便通过降低价格从自己的竞争对手那里争夺购买者,从而取得更大量的利润。

我们现在看另一方面,即购买者。在我们的这种情形下,用从第一部类(生产资料的生产)的资本家那里购买的生产资料来生产消费资料的那个工业部门的资本家,将是购买者。他们的评价当然要考虑建议提出的产品价格;但这种拟议中的产品价格可能至少只是上限,对生产资料的评价实际上却总是较低的。购买者方面对生产资料评价降低的量在我们的例子中不是别的,正是由于

---

① “生产者认为产品所具有的主观交换价值水平,决定于每一个生产者自己的产品能够得到的市场价格的水平。”(庞巴维克:《原理》,第 208 页)

市场上大量出现这些生产资料而引起的对以前价格的某种修正。

这就是商品生产代理人实际的而不是虚构的心理。由此可见，生产资料的价值实际上或多或少是独立确定的，而生产资料价值的变化在时间顺序上应先于消费品价值的变化。因此，必须这样进行分析，即把生产资料生产领域价值的变化作为出发点。

这里应当指出一个很重要的逻辑错误。从上面我们看到，在庞巴维克看来，生产资料的价值是通过产品价值确定的；“归根到底”边际产品的边际效用是决定性因素。而这边际效益水平是由什么决定的呢？我们已经知道，边际效益水平与被评价产品的数量成反比；该类单位财货越多，对每一单位“储备”的评价就越低，反之亦然。这里自然会产生一个问题，即这个数量同样是由什么决定的。我们的教授对此回答道：“用于销售的商品的总量本身……尤其是决定于……**生产费用水平**。该商品的生产费用越高……，这种商品的件数就相对越少”。① 因此，得到下述“解释”：生产性财货的价值（“生产费用”）是通过产品价值确定的；产品价值取决于产品的数量；产品数量决定于生产费用。简言之，生产费用决定生产费用，我们又看到面前是一种“虚幻的解释”，这就是奥地利学派理论惯用的手法。庞巴维克又陷入那个虚伪的圈子，按他完全正确的论点，在这个圈子里至今还是旧的生产费用理论。②

有关庞巴维克用于生产资料价值的总公式我们再说几句作为结尾。我们知道，“生产资料的单位价值决定于边际效益和在全部

① 《原理》，第 183—184 页。

② 与此相比较，见沙波什尼科夫：《价值与分配理论》，第 37、38 页。那里有援引施托尔茨曼和马努伊洛夫的话。

产品中具有最低边际效益的产品的价值,经济核算能够将这种生产资料单位用于这全部产品的生产。”如果我们现在以资本主义生产为例,那么马上就会看到,庞巴维克所说的“经济核算”已经事先要求有价格范畴。[①] 这又是整个奥地利学派“内在的”错误,正如我们在上面详细证明的,这个错误源于不明白社会联系在形成现代“经济人”个人心理中的作用。

6. 小结

我们可以对主观价值理论的分析研究进行总结,简略地分析奥地利学派向我们建议的那种价格理论。实际上,庞巴维克把价格看作是在市场交换过程中遇到的主观评价的某种合成。在引申出这个合量时,庞巴维克只得列数参与合量形成的一系列因素,这些因素主要涉及含量即数量的规定性,以及在市场上进行争夺的买者和卖者的主观评价。我们在揭露庞有关这些“因素”的论点的互相矛盾和不适用性的同时,简要地汇总在以上所述中详细阐明的那些批评性意见。

但我们应事先谈一谈庞巴维克对交换过程机制的那种描述。庞巴维克是以交换条件的越来越复杂化来研究交换过程;他这里

① 比较埃克施泰因,《新时代》,XXⅧ,第1卷,第371页。庞自己写道:“想要购买木桶板材的木材商人,能够很快确定板材对他有什么样的价值:他要计算,用这些板材能做出多少木桶板,而木桶板现在在市场上能值多少钱,关于这一点他已经知道;其余的他没有什么可担心的。”(庞巴维克:《原理》,第97—98页)木材商人当然“能够”和“没有什么可担心”。但绝不能这样说庞。

有4种情况：第一，单独的交换；第二，买者之间的单向竞争；第三，卖者之间的单向竞争，最后，第四，“双向竞争”，即存在着卖者之间的竞争和买者之间的竞争这种情况。

对于第一种情况（单独的交换）得出一个很普通的公式，这就是：“在两个人之间单独交换的情况下，价格的确定是在买者对商品的最高主观评价与卖者对商品的最低评价之间的范围内进行的”。①

对于第二种情况（只是买者之间的竞争），庞巴维克给出这样的公式：“在买者之间的单向竞争条件下，最有实力的竞争者，即对提供用于交换的商品而言，是对物品评价最高的人，才能购买所出售的物品。而价格则在购买物品的竞争者对物品的最高评价与其他被战胜的竞争者中最有实力的竞争者对物品的最低评价之间运动。而且卖者本人对所出售物品的评价中所包含的另一种次要最低价格，仍保留自己的意义”。②

在第三种情况中，即在卖者之间单向竞争的条件下，也有相同的状况：就是说，这里价格波动的范围是由最有实力的（或正如庞所表述的，是具有“最大交换能力的”）卖者的最低评价和由被战胜的竞争者中最有实力的竞争者的那种评价决定的。

第四种情况即卖者之间和买者之间的竞争当然最有意思。这种情况在稍微发达的交换经济条件下充当着现货交易的典型事例。庞给这种情况画了一个简图，图中有10个买者，其中的每个

① 《原理》，第145页。
② 同上书，第146—147页。

人想买一匹马,还有 8 个卖者,其中的每个人想卖一匹马。数字表示有关评价的数值。

买　者	卖　者
A_1评价马为 300 盾	B_1评价自己的马为 100 盾
A_2评价马为 280 盾	B_2评价自己的马为 110 盾
A_3评价马为 260 盾	B_3评价自己的马为 150 盾
A_4评价马为 240 盾	B_4评价自己的马为 170 盾
A_5评价马为 220 盾	B_5评价自己的马为 200 盾
A_6评价马为 210 盾	B_6评价自己的马为 215 盾
A_7评价马为 200 盾	B_7评价自己的马为 250 盾
A_8评价马为 180 盾	B_8评价自己的马为 260 盾
A_9评价马为 170 盾	
A_{10}评价马为 150 盾	

让买者从 130 盾的价格开始。很清楚,全部的 10 个买者按该价格都能买到马,但卖者只有两个(B_1 和 B_2 可以同意做这种交易)。在这些条件下很明显,交换行为不可能实现,因为卖者必然要利用买者间的竞争,价格将上扬;同样,买者间的竞争也不允许仅有**两个**买者完成 130 盾的交易。随着价格不断提高,买方竞争者的数量应当是减少。事实是,价格为 150 盾时,买主 A_{10} 就退出购买,价格为 170 盾时,A_9 也退出购买,等等。但另一方面,买者的数量越是减少,从经济核算的角度看可能参与交换行为的卖者的数量就越是增加。价格为 150 盾时,B_3 可能将马卖掉;价格为 170 盾时,B_4 也可能将马卖掉,等等。价格为 200 盾时,买者之间的竞争仍继续进行。而进一步提价时,则情况会发生另一种转变。让价格提高到超过 210 盾。这时供求相互均衡。价格不可能提高到 220 盾以上,因为这样就排除了买者 A_5,而且**卖者**之间的竞争

又迫使价格下跌。在我们的具体情况下,价格实际上不能提高到215盾,因为那时分摊到6个卖者身上的总共只有5个买者。因此,价格是在210—215盾之间的界限内确定的。

由此可见:第一,"具有最高交换能力的竞争者从一方面和另一方面的确都能顺利完成现货交易即买或卖,确切地说,他们是对商品评价最高的买者之中的竞争者(A_1—A_5),也是对商品评价最低的卖者之中的竞争者(B_1—B_5)"。①

第二,"如果按交换能力的程度以从大到小的顺序两个两个地搭配愿意的买者和卖者,那么,有多少成对的买者和卖者(这些成对的买者和卖者其中的每一对中,买者在用于交换商品的物品方面对商品的评价比卖者高),就有多少人从一方面和另一方面实际进入现货交易。"②

第三,"在双方竞争条件下,市场价格借以确定的界线,自上决定于实际进入现货交易的买者中最后一个买者和被竞争从市场上淘汰的卖者中在交换能力方面最强的卖者的评价;自下决定于实际签订现货交易合同的卖者中在交换能力方面最弱的卖者和没有可能进入现货交易的买者中交换能力最强的买者的评价"。③ 如果把上面固定的两对人称为"边际对子",那么,就得到价格规律的下述定义:"两个边际对子对商品主观评价的水平限制并决定着市

① 《原理》,第154页。

② 同上书,第155—156页。庞巴维克认为"交换能力"(Tauschfahigkeit)是指所买到和所卖出物品评价之间的关系。"因此,一般来说,对自己物品的评价低于用于交换的其他物品,或者同样,对所需物品的评价高于自己提供的物品的那个参加者,具有最高的交换能力",《原理》,第143页。

③ 同上书,第156页。

场价格的水平”。[1]

这就是竞争机制,即取自其形式方面的价格形成过程。就实质而言,这不是别的,正是早已为人熟知的供求规律展开的定义。因此,使我们更加感兴趣的不是事情的这种形式方面,而是事情的内容本身,即交换过程的数量规定性。但事先还有一个小小的说明。庞巴维克在确定交换的代理人将遵循的“一般规则”的同时,还表述了三个这样的“规则”:“第一,他(即现货交易的参加者。——尼·布哈林注)一般只有在交换给自己带来利益的情况下才进入现货交易;第二,他更愿意完成获利更大而不是更小的交易;第三,最后,他宁可完成获利较少的现货交易,也不愿意完全拒绝交换”。[2] 这三个“一般规则”中,第一个规则是不正确的。也就是说,可能有这种情况,卖者蒙受亏损也进入交换,并按照少亏损总比多亏损好的“规则”行事。这种情况通常发生在下述场合,即市场行情迫使资本家按低于生产费用的价格出售自己的产品。庞巴维克本人在另一处说,只有“心肠过软的蠢人”(sentimentaler Tor)才在这些情况下拒绝出售自己的商品。这里卖者出现在市场上时带来的最初评价,在市场行情自发力量面前退缩并迫使他即便给他的企业带来明显损失也要签约成交。

我们现在转入在上述的形式上的“价格规律”范围内决定这些价格水平的因素。庞巴维克提出 6 个这样的因素:1)对商品的欲望或要求的数量;2)对于买者商品的绝对客观价值量;3)对于买者

① 《原理》,第 157 页。

② 同上书,第 140 页。

货币的绝对主观价值量;4)用于销售的商品的数量;5)对于卖者商品的绝对主观价值量;6)对于卖者货币的绝对主观价值量。我们也研究一下,在庞巴维克看来这些因素之中的单独每一种因素是由什么决定的。

1. 对商品欲望的数量。庞就这个因素写道:"关于这个因素很难说这是不言而喻的。很显然,对这个因素产生影响的一方面是市场的规模,另一方面是该需求的性质……不过,这是我们在这里不得不做的唯一的理论性说明:并不是任何想拥有商品的人由于其对商品的需求而同时就是想购买该商品的人……需要一定物质财货和想拥有物质财货的无数多的人,仍是自愿地(!)不再参加交换,因为他们的货币评价在市场上拟议中的价格状态下(着重号系我们所加。——尼·布哈林注)是如此超过对商品的评价,以至于使他们事先就失去了签订现货交易合同的经济可能"。[①] 因此,"欲望的数量"是由作为全部欲望数量减去事先自动放弃的欲望而确定的,这后者的确定取决于市场价格,而市场价格的确定也应同样取决于"欲望的数量"。

2. 买者对商品的评价。庞巴维克就这一点写道:"价值水平一般决定于边际效益的量。"[②]我们以上详细分析了这个论点并发现,买者完全不是按商品的边际效益来评价商品。庞巴维克本人的修正——他的替代价值理论——不是别的,正是在理论上兜圈子。

---

① 《原理》,第 175 页。

② 同上书,第 176 页。

3. 对于买者货币的主观价值。庞巴维克对这个问题的见解归结为,“一般来说,在比较富有的人的眼里,货币单位的主观价值较小,而在比较贫穷的人的眼里,货币单位的主观价值较大”。[①] 其实货币理论在于,货币的主观价值无论对于卖者还是对于买者,都是他们的主观交换价值,而且主观交换价值取决于市场上形成的商品价格。因此,这个“价格形成因素”要通过价格来解释。

4. 用于销售的商品的数量。在庞巴维克看来,下列因素在这里发挥作用:1)自然条件(例如数量有限的土地);2)社会和法律关系(任何类型的垄断);3)“尤其是”生产费用水平。但正如我们在上面看到的,这种生产费用水平在庞巴维克的理论中找不到任何解释,因为一方面,生产费用水平决定于产品的边际效用,而另一方面,它又决定产品的边际效用。

5. 对于卖者商品的主观价值。这里庞有两个表述:第一个是,“在卖者眼里,一份商品所具有的直接边际效益然后是主观使用价值,在多数情况下通常是极低的”。[②] 正如我们以上详细证明的,这个表述不符合实际,因为根本就缺少按效用对可出售商品的评价,即数学上等于零。另一方面,很显然,卖者评价自己的商品而且评价得完全不是“极低”。这里就有了庞的第二个说法,他在另一处写道:“每一个生产者认为产品所具有的主观(交换)价值的水平,决定于他对自己的产品所能得到的市场价格的水平”。[③] 但这个表述在理论上更是根据不足,因为主观交换价值概念本身就

① 《原理》,第 183 页。

② 同上书,第 184—185 页。

③ 同上书,第 208 页。

是自相矛盾的：作为划分价格的基础时，该概念要求这些价格是已知的条件。

6. 对于卖者货币的主观价值。庞巴维克说："我们以上所说的所有有关对于买者的货币主观价值，从总体上都可以归为这个因素。只是在卖者那里比买者能更经常地出现这种现象，即在他们眼里货币所具有的价值，与其说是决定于他们总的财产状况，不如说是决定于对现金的特别需要"。[①] 因此，这里应当区分两个方面：第一，根据"总的财产状况"来评价货币；而这种评价也由两个因素构成：货币持有者所拥有的货币数量和商品的价格；第二，根据"特别需要"即市场行情来评价货币，而市场行情不是别的，正是市场价格的某种状态。因此，作为交换价值的货币的特殊性不允许从效用的观点来解释货币现象，因而庞的理论不可避免地要在虚伪的圈子里绕弯子。

庞巴维克写道："在价格形成的整个过程期间，没有一个阶段，也没有一个特征不归结为是交换的参加者对物品主观评价的根据和程度。因而我们完全有权将市场价格称之为是在市场上遇到的对商品和在其中反映商品价格的那种物品进行主观评价的合成价格。"[②]但正如我们在第一章中所看到的，这种观点原则上是不能容忍的：它忽视个人之间社会联系的基本事实，这种联系是事先给定的，并形成个人的心理，使其增添社会内容。因此，每当庞的理论拿个人动机作例子，以便从中引申出社会现象时，这个社会要素

① 《原理》，第 185 页。

② 同上书，第 159 页。

就以或多或少隐蔽的形式已事先存在,而整个理论体系则变成虚伪的圈子,变成仅在表面上能够解释而在实际上只能证明最新的资产阶级理论完全徒劳无益这样的纯粹逻辑错误。其实,在分析价格理论时就已经清楚,价格形成的六个"因素"中,庞巴维克无一给以满意的解释。庞巴维克的价值理论无力解释价格现象。奥地利学派独特的拜物教,把个人主义的局限性捆绑在该学派的拥护者身上,并把现象的辩证联系变成对他们是神秘的;把一个人与另一个人拴在一起并使人成为"社会动物"的社会纽带,——以上这类拜物教从根本上扼杀了认识"现代社会结构"的任何可能性。详细分析研究这个问题依然落在马克思学派肩上。

第四章　利润理论

1. 分配问题的意义。问题的提出。2. 资本的概念。“社会主义国家”的“资本”和“利润”。3. 资本主义生产过程概述;利润的形成。

1. 分配问题的意义。问题的提出

如果总的来说政治经济学的任何篇章总是要视谁来研究该篇章而在不同方向得到发展,那么,这种情况尤为明显和直接地在分配学说特别是利润理论中看到。这个问题与正在进行斗争的阶级的“实践”几乎直接相关,深深地关系到这些阶级的利益,因此时而十分粗鲁,时而又相反,令人惊奇的文雅但还是容易外露的对现代社会制度的辩护,恰在这里筑成了坚固的巢穴,这就不足为怪。从逻辑方面看,早先李嘉图认为是政治经济学最重要问题的分配问题,[①]无疑具有头等重要的意义。就现代社会而言,如果不分析社会资本的简单和扩大再生产过程,就不可能懂得社会发展的规律。

① 见大卫·李嘉图:《政治经济学原理》,梁赞诺夫译,序言。

了解资本运动的首次尝试之一(我们指的是著名的魁奈《经济表》),应该因此而把分配问题放在十分重要的位置上。甚至如果不对自己提出诸如从整体上和从“整个社会范围内”认识全部资本主义生产的机制这样的任务,分配问题就依然具有巨大的理论意义。不同社会阶级之间的价值分配过程服从哪些规律;利润、地租和工资的规律有哪些;这些范畴之间的相互关系怎样;它们的量在每一种情况下取决于什么;决定这个量的社会发展趋势是什么;所有这一切就是分配理论对自己提出的基本问题。如果价值理论分析的是商品生产的基本和包罗万象的现象,那么,分配理论应当分析资本主义世界的对抗性的社会现象,分析现在以商品经济固有的特殊形式体现出来的阶级斗争。这种阶级斗争是如何获得自己的资本主义表现,即换言之,它怎样在经济规律的形式中表现出来,对这些加以证明就是资本主义分配理论的任务。① 当然,远非所有的人都这样了解分配理论的任务。仅在问题提出的本身就可以区分为两个基本方向。最新研究者之一的沙波什尼科夫写道:“这里存在着两种完全相反的观点,其中可能只有某一种观点是正确的。”②这种区别是,一部分经济学家寻找在人类生产经营的“永恒”和“自然”条件下所谓“非劳动收入”的起源,另一部分经济学家则相反,认为非劳动收入是特定历史关系的结果,具体来说,

---

① 司徒卢威先生把这个困难变成不能实现的事。见他的文章:《对政治经济学基本概念的批判》,载《生活》杂志。还见沙波什尼科夫第 1 卷序言。对分配理论的这类科学怀疑可以在伯恩施坦的著作中找到(“社会财富的分配在任何时期都是权力和机构之间的问题。报酬问题是社会学的问题,这从来没有被解释为纯粹的经济学。”伯恩施坦:《社会主义的理论和历史》,第 4 版,第 75、76 页,引自莱维因,第 1 卷,第 92 页)。

② 沙波什尼科夫,第 1 卷,第 80 页。

他们这里看到的是生产资料私有制的结果。然而可以更广泛地和用更概括的表述来提出问题，因为第一，这里谈的不仅是“非劳动”收入，而且是全部“劳动”收入（因为例如，“工资”的概念与“利润”的概念相关，工资的概念在逻辑上与利润的概念一起产生和消失）。第二，可以提出一般的分配形式问题，即不仅研究资本主义的分配形式，而且研究分配形式对生产形式的总的依赖关系。如果我们提出这后一个问题，那么，对这个问题的分析会揭示下列情况。分配过程就其职能作用而言不是别的，正是生产关系本身的再生产过程，每一种历史上一定的生产关系形式都有能够再生产该种生产关系的相应的分配形式。资本主义的情况也是如此。“资本主义生产过程是一般社会生产过程的一个历史规定的形式。而社会生产过程既是人类生活的物质生存条件的生产过程，又是一个在历史上经济上独特的生产关系中进行的过程，是生产和再生产着这些生产关系本身……的过程。”①正是在完全固定的历史形式中（劳动力买卖、资本家支付劳动力的价值、获取剩余价值）进行的资本主义分配的过程，是这一整个资本主义生产过程的组成部分和一定的方面。因此，如果资本主义世界的基本生产关系是资本家与工人之间的关系，那么，资本主义的分配形式——工资和利润范畴——就再现这种基本关系。因而，如果不把“整个”生产和分配过程与该过程所采取的、仅仅形成“社会经济结构”即人们之间某种类型关系的那些历史经济形式相混淆，如果不混淆这两个范畴，那么就会得出一个明确的结论：我们在解释某种具体的

① 马克思：《资本论》第3卷，人民出版社1975年版，第924—925页。

社会结构时，应当将其作为历史独特形成的即具有历史界限和“特点”只属于它的那种关系形式。资产阶级政治经济学由于其自身的局限性恰恰不能摆脱一般的定义。洛贝尔图斯正确指出：“政治经济学家们把自然生产过程与受土地和资本所有权制约的社会生产过程搞混乱了，由于这个原因，他们得出了在实际民族经济生活中毫无类似情况的资本概念。”①但洛贝尔图斯本人却与马克思始终不渝和一贯的观点相对立，创造了很方便的应急办法，划分出作为所有人和任何经济结构共有范畴的资本的“逻辑”概念。然而这从术语的角度看却是完全多余的（对于相关的概念有一个术语：“生产资料”），而且就其实质而言也是有害的，因为十分经常地在正常谈论生产资料（“资本”）时会试图把解决实质上是完全另外的社会性问题塞进去。

因此，如果我们面临着分析现代社会中分配本质的任务，我们惟有注意资本主义的特点才能达到所希望的结果。马克思用简短的语句对此作了精彩表述：“像资本一样，雇佣劳动和土地所有权也是历史规定的社会形式；一个是劳动的社会形式，另一个是被垄断的土地的社会形式。而且二者都是与资本相适应的、属于同一个社会经济形态的形式。”②

正如应当从研究庞巴维克的价值理论所预料的那样，他在自己的利润理论中完全是沿着认为可以将利润从总的而不是从社会生产的历史条件中“脱离”的那些经济学家的道路走。这本身实质

① 洛贝尔图斯：《资本》，达维多夫译，第152页。

② 马克思：《资本论》第3卷，人民出版社1975年版，第921页。

上预先决定了对他“新事物”的评价，[①]因为关于把利润、地租和工资看成是“逻辑范畴”而不是历史范畴的**所有**经济学家，可以说他们“偏离了正确的道路”。[②] 我们已经看到，非历史主义地提出问题在价值理论领域给庞巴维克造成了怎样的结果。它在分配理论特别是利润理论中造成与实际的更大冲突，造成更大的矛盾。

2. 资本的概念。“社会主义国家”的“资本”和“利润”

庞巴维克是从迫使自己最喜爱的“与世隔绝的人”要么“徒手”，要么利用该“个人”自己制造的生产工具轮流工作来开始分析资本概念的。由此得出结论，一般来说存在着两种生产方法：或是我们直接达到目标，或是采用某些预先的工序（生产资料的生产），正如庞巴维克所说的那样，利用生产的“迂回方法”。[③] 由于在后一种情况下人获得“比人手更有力的”自然力的帮助，因而“迂回方法”的使用会带来比“徒手”工作更大的成效。

---

① 对于自己的理论庞巴维克是这样说的：“当我在著作（即《资本论》。——布哈林注）的剩余部分能够大部分或全部沿着过去的学说的轨迹时，我已对资本和利息的现象作出了解释，即它运动在一个完整的轨道上。”（《原理》，第18页）

② 沙波什尼科夫，第1卷，第81页。沙波什尼科夫正确提出问题后，现在转向完全折中主义的立场，他写道：“我们不同意他们（即说到的那些经济学家。——尼·布哈林注）的基本观点，但（!）我们承认，他们是在克制、负责和边际生产率的原则下提出这些必须认真重视的论据”。沙波什尼科夫先生没看到，这些“原则”与非历史主义地提出问题有着不可分割的联系。这就是问题的全部所在。

③ “要么我们在快接近目标时放弃工作，要么我们故意走上迂回道路。”（庞巴维克：《原理》，第15页）

这些总的原则为庞巴维克提供了足够的资料来给资本和资本主义生产下定义："使用合理的迂回方法的生产不是别的，正是政治经济学家称为资本主义生产的那种生产，而徒手就能直接达到目的的生产恰恰是非资本主义的生产。资本不是别的，正是在迂回方法的……某些阶段产生的中间产品的总和"。[①] 我们再列举几个庞巴维克的定义。他写道："我们一般将作为财货获得手段的产品的总和称之为资本。从资本的这个总概念中产生作为更狭义概念的社会资本的概念。我们将作为财货的社会经济获得手段的产品的总和，或者……因为财货的社会经济获得正是通过生产实现的……简言之，中间产品的总和称之为社会资本。"[②]

从上面列举的定义足以看到庞巴维克利润理论的"基础"；该

① "Die Produktion, die kluge Umwege einschlägt, ist nichts anderes, als was die Nationalökonomen die *kapitalistische* Produktion nennen, sowie die Produktion, die geradeaus mit der nackten Faust auf das Ziel zugeht, die *Kapitallose* Produktion darstellt. Das *Kapital aber ist nichts anderes als der Inbegriff der Zwischenprodukte, die auf den einzelnen Etappen des ausholenaen Umweges zur Entstehung Kommen.*"（《原理》，第 21 页。）

② "*Kapital überhaupt nennen wor einen Inbegriff von Produkten, die als Mittel des Gütererwerbes dienen* Aus diesem allgemeinen Kapitalbegriff löst sich als engerer Begriff, der *des Sozialkapitales*, ab. Sozialkapital nennen wir einen Inbegriff von Produkten, die als Mittel *sozialwirtschaftlichen* Gütererwerbes dienen; oder... da sozialwirtschaftlicher Gutererwerb nicht anders als durch Produktion stattfindet... oder, kurz gesagt, einen *Inbegriff von Zwischenprodukten*"（同上书，第 54 页）。资本"一般来说"在庞巴维克那里也被称为"劳动资本"或"私人资本"；为此社会资本被看作是完美的使人信服的生产资本（同上书，第 55 页）。因此，社会资本要比个别资本的概念更窄（劳动资本＝私人资本）；这里还包括"购进货物"这一概念在两种情况下表示某种不同的事这样的情况。关于后一点见施托尔茨曼：《目标》，第 335 页。我们指出这种混乱，尽管它对于本文没有实质性意义。

理论掩盖了现代生产方式的历史性，掩盖了作为真正意义上的资本主义生产即建筑在雇佣劳动和一定社会阶级垄断生产资料基础之上的生产的性质，而这在此种情况下则更加重要：由于内部矛盾和激烈阶级斗争而受到瓦解的社会的阶级结构，这种特征完全在消失。对于这种结构可能有哪些逻辑根据？庞巴维克是这样论述的：在社会发展的所有阶段，存在着借助"迂回方法"进行的生产（"Produktionsumwege"）：与此相关的是最终生产结果领域的某些现象。以上描述的现象可以依据具体的历史条件（例如私有制）而采取不同的形式。但是应当把"事情的实质"（"das Wesen"）与"表现形式"（"Erscheinungsform"）区别开。因此，正是科学研究的充分根据要求对"资本"和"资本主义生产"的"利润"进行抽象分析而不是对其进行现实的表述。庞巴维克大概就是这样看待事物。[①] 不过这就是为捍卫庞巴维克的立场，以及针对把资本和利润看作是"永恒"经济范畴的任何相类似尝试可以说明的全部。无论对"事物的本质"和"表现形式"的区分本身如何正确，[②]在此种情况下这种区分只不过是不合时宜。实际上，与"资本"和"资本主义的"等概念联结在一起的不是有关社会和谐的概念，而是关于阶级斗争的概念。庞巴维克本人对这一点非常清楚。庞巴维克在批判把劳动力包括在资本概念之内的一些经济学家的观点时写道：

① 例如见《原理》，第 587 页注释。这里庞巴维克埋怨对本质与表现形式、"一般利润"与现有利润不加区别的施托尔茨曼。

② "……如果事物的表现形式和事物的本质会直接合而为一，一切科学就都成为多余的了。"（马克思：《资本论》第 3 卷，人民出版社 1975 年版，第 923 页）司徒卢威先生不明白怎么回事，大概在这里他看到的是形而上学。

"科学和人民早就习惯于利用'资本'这个术语来解释某些重大的社会问题,他们这里指的概念不包括劳动概念,而是与劳动相矛盾的概念。"他接着写道:"资本和劳动、资本主义和社会主义、资本利润和工资,当然不是无可非议的同义语;相反,这是一些表示最强烈发生的社会和经济对立的术语"。① 很好。但如果是这样,就需要进一步深入;需要不是停留在"人民的习惯"甚至"科学的习惯"上,而最重要的是意识到资本主义商品经济中的阶级矛盾。这意味着在"资本"这个概念中承认商品经济条件下生产资料的阶级垄断是最实质性的和基本的特征。对于庞巴维克的资本概念来说,保留的是生产资料的旧概念(见他的"中间产品"),而在现代社会中"资本"将是生产资料的表现形式。因此,资本家所垄断的生产资料不是现代社会所固有的资本"表现形式",而是资本本身;但它们是一般生产资料的"表现形式",而不管具体的历史形态如何。

可以从另一方面来观察问题。如果任何"中间产品"都是资本,那么,怎样划分现代经济制度中的"中间产品"呢?我们暂且假定(尽管这种假定实质上全都是荒谬的),在"社会主义者的国家"里也有利润;这些利润在庞巴维克看来也落到整个社会的手里,在现代经济制度中则是落到一个阶级的手里。这有本质上的不同。而在庞巴维克那里没有用于"现在"利润的术语。但我们看一看庞

---

① "Wissenschaft und Volk haben sich längst gewöhnt gewisse grosse soziale Probleme unter dem Schlagworte des Kapitals abzuhandeln und haben dabei nicht einen die Arbeit nicht umfassenden Begriff, sondern einen *Gegensatz* zu ihr im Auge gehabt. Kapital u. Arbeit, Kapitalismus u. Sozialismus. Kapitalzins u. Arbeitslohn wollen, wahrhaftig, keine harmlosen Synonyma sein: sondem sie sind Schlagworte für die denkbar stärksten sozialen und ökonomischen Kontraste."(《原理》,第 82 页)美国人实质

巴维克是如何严厉地评论自己的对手，看他如何批判他们那些恰恰是包括他自己也错了的观点。他在反对把土地称为“资本”并引证“术语经济”（“terminologischer Oekonomie”）原则的同时指出：“如果我们对获得的全部物质资料都将采用资本的名称，那么更狭窄的竞争概念和与之相关的收入领域尽管都很重要，也都会落得个没有名称”。① 但很清楚，以无阶级为前提的社会主义国家的“利润”与现在“利润”之间的区别，要比利润和地租之间的区别更大和更重要得多：第一种情况谈及的是阶级社会和无阶级社会之间的区别，第二种情况谈及的实质上仅属于一个（私有占有）阶级范畴的同一社会两个阶级之间的区别。

实际经济情况的任何现实因素都不符合庞巴维克的“非资本主义”生产的概念，这种状况更加重了其术语的荒谬性：“徒手”进行的生产属于庞巴维克大量虚构的一种，这种生产只可将其作为生产中死劳动份额不断减少情况下的理论上最大的量来谈。而相反，用棍棒挖土的野人却变成从事“资本主义”经济甚至是获得“利润”的“资本家”！但如果任何生产（因为不存在无生产资料的生产）都是“资本主义生产”，那么，在这种“资本主义”生产的范围内还需要分成若干部分，因为终究要区分“资本主义的”——资本主义生产、“资本主义的”社会主义生产和“资本主义的”原始共产主义

上也这样提出问题，见克拉克：《财富的分配》，1908 年。卡弗，第 1 卷。但具体解决利润问题在他们那里是完全不同的。

① “Wenden wir nämlich den Namen Kapital *allen* sachlichen Erwerbsmitteln zu, so bleibt der engere der Konkurrierenden Begriffe und auch der mit ihm korrespondierende Einkommenszweig trotz ihrer Wichtigkeit ganz namenlos.”

生产等。而在庞巴维克那里这三种情况都是“资本主义生产”，一个术语用于完全不同种类的概念。

“社会主义者国家的利润”（“Der Zins im Sozialistenstaat”）这一节是庞巴维克引起极大混乱的极好例证。原来，在这个“国家”中竭力保留着现在被认为是剥削之结果的利润原则。庞巴维克是这样解释这种“社会主义剥削”的：他说，假定有两个生产部门，一方面是面包师工作，另一方面是栽植树木工作。由于面包师一天的工作，得到了产品——面包，庞巴维克将其价值确定为 2 盾（在庞看来，“在社会主义国家”也还保留有盾）；植树人一天的工作是栽植 100 棵幼橡树，而这些树无须补充追加劳动再过 100 年就能变成大树，每棵大树的价值为 10 盾；这样，植树人创造价值的总额将为 1000 盾。正是这种状况即生产时间上的差异（对属于这种情况的所有看法的总评价，我们将随后阐述）才是形成利润的基础。庞巴维克说：“如果植树人的工资也和面包师的一样，每天只有 2 个盾，那么，对他们来说也是采取了资本主义企业主现在所采用的那种‘剥削’”。[1] 在百年的时间内实现了价值的增加，而社会将这种“剩余价值”（“Mehrwert”）从实现它的工人那里夺过来并将其“据为己有”；这样，“另一些人正如现在一样（！），不是根据劳动，而是根据所有制或参与所有制”来享有工作成果。[2]

---

① “Zahlt man aber auch den Aufforstungsarbeitern geradeso, wie den Bäckem, nur 2 F 1. täglich, dann begeht man ihnen gegenuber dieselbe ‘Ausbeutung’, die heute die kapitalistischen Unternehmer ausüben.”（《原理》，第 583 页）

② “In der Verteilung bekommen ihn ganz andere Leute als jene, an deren Arbeit und Produkt er verdient wurde... *andere Leute* und zwar ganz wie heute(!), nicht aus

所有这些议论自始至终都不正确。即使是在社会主义社会，也不会凭空出现价值的产生过程。① 对于社会主义社会来说，耗费在消费品直接生产上的劳动和耗费在“远期目的”上的劳动都具有相同的重要性，因为有事先制定的经济计划，个别的劳动范畴被看作是生产、再生产和消费过程不间断进行所必须的总的社会工作的一部分。正如不间断和同时地消费各种远期劳动单位的产品一样，各种远期目的的劳动过程也同样是不间断和同时地进行。社会总劳动的所有部分连接成统一的不可分割的整体，在这一整体中，要确定每个人的份额最重要的只有一点(作出用于生产资料基金的扣除)；所提供劳动的数量。这从庞巴维克本人的例子中也看得很清楚：当他谈及其产品是面包的面包师时，他完全忘记了，面包根本不仅仅是面包师的劳动产品，而是从曾经从事农业的那些人开始的所有劳动者的劳动产品；面包师的劳动只是最后的环节而已。因此，如果我们的植树人按照自己的劳动获取产品，那么，他们就会得到不同远期程度的社会劳动单位，即对于其余社会成员而言，他们正是处于同其他任何类别工人完全一样的状况，我们再重复一遍，因为在该经济计划下工作的重要性不取决于工作目标的长远性。②

---

dem Titel der Arbeit, sondern aus dem Titel des *Eigentums*, beziehungsweise des *Miteigentums*."(《原理》，第 584 页)

① 为避免误解，我们预先说明，如果我们谈的是社会主义社会的“价值”，那么这个概念应当指的是与商品经济中的价值范畴相区别的特殊范畴。在两种情况下劳动都是决定性的因素。同时，在社会主义社会，劳动评价是有意识的社会过程，在现代社会，这是没有(劳动)评价本身因素的自发的基本价格规律。

② 我们更不用说社会主义社会要求消灭狭窄的专业化了。

但问题还有另外更重要的方面。我们假定，社会主义社会在该生产周期获得了某些“价值”剩余（社会主义社会为什么会获得价值剩余，它根据何种“价值理论”给产品定价，在此种场合对我们都一样）。庞巴维克同意，这种“剩余价值”是“为了普遍提高劳动者的工资比例”。看来，这一点能够破坏对所获得的作为利润的余额作出解释的任何一种基础。但庞巴维克在这里提出了这样的异议。他说，鉴于将利润最终用于的那种目的，利润不会不再是利润。庞解释道，要知道，谁也不敢肯定，如果某位企业家“积累千百万的财富，而后将这些财富用于对社会有益的目的”，[1]那么，资本家就不再是资本家，而他的利润也不再是利润。

就是这个“异议”一下子揭露了庞巴维克观点全部内在的虚伪性。实际上，为什么在此种情况下谁也“不敢肯定”利润会由于资本家的慈善意向而不再存在？因为这是对社会经济生活的总结构没有任何影响的个别情况：利润的阶级本质绝不会消失；在这个阶级垄断生产资料基础上提供给该阶级使用的收入范畴也不会消失。如果资本家作为一个阶级，开始放弃利润并将其用于对社会有益的目的，那么就会出现完全另外的情况。在这种实际上完全不可能发生的情况下，利润范畴就会消失，社会的经济结构本身就会采取与资本主义形式不同的另外的形式。甚至是从私人企业主的角度出发，生产资料的垄断也丧失任何意义，资本家也不再是资本家。这样，我们又碰到了

① “... ein Vermögen von Millionen anhäuft und über dieses dann zu gemeinnützigen Zwecken verfügt.”(《原理》，第 583 页)

资本主义及其范畴即利润的阶级本质。[1] 只有不能看见这个阶级本质的高度色盲，才可能断言，似乎“甚至在某位鲁滨逊式人物的单独经济中也应当存在利息现象的基本特征”。[2] 用什么来解释这种色盲呢？庞巴维克自己给我们作了十分正确的解释。“……在我们之间（即在资产阶级经济学家中间。——尼·布哈林注）十分热中于掩盖不适当的矛盾，掩饰令人头痛的问题”（“Auch unter uns liebt man es so sehr, unbequeme Gegensätze zu verkleistern, dornige Probleme zu vertuschen”）。这种直言不讳的承认，绝好地向我们描绘了迫使人们离开对充满矛盾的社会现实的认识，而转向要用事实证明现实的人为杜撰和勉强凑成的结构这样一种心理内幕。迪策尔先生写道：“来源于边际效用理论的庞巴维克的利润理论，应当

① 有趣的是，甚至将资本的“纯经济”概念和资本的“历史法律”概念加以区别的经济学家们，也只看到私人资本（Privatkapital），而看不到阶级垄断的事实。这种情况在一定程度上也可以在洛贝尔图斯那里见到。瓦格纳是这样给资本下定义的：为了资本占有，在摆脱通用法律之后，资本被看作是纯粹经济学范畴的，这些经济货物是存货，为了生产新产品，作为技术手段的那些是可以为经济服务的：这是生产手段的储存或者是民族资本以及它的一小部分，历史上法定意义上的资本或资本占有是私人财产占有的一部分，为了从（利润和利息）中获得收入，这些资本又被看作是劳动手段，并且为这个目的一心想把养老基金变成私人资本（瓦格纳：《奠定基础》，第2版，第39页；援引自庞巴维克第124、925页）。总的来说，庞巴维克对历史地提出问题的轻率态度简直让人吃惊。例如，在第125页他作了一个注释，他说，当然一切都是符合历史事实的：机器的出现不早于18世纪，书的开始出现不会先于印刷术的发明，等等。庞巴维克想不到，这里谈的是完全不同的经济结构类型。庞在马克思的观点中只看到，在马克思那里资本是“剥削工具”，仅此而已（见第90页）。

② 庞巴维克：《原理》，第507页：“Sogar in der einsamen Wirtschaft eines Robinson könnte der Grundzug des Zinsphänomens... nicht fehlen.”

（按庞的意图。——尼·布哈林注）不仅要解释利润现象，而且要与此同时提供用来驳斥那些抨击利润制度的人的材料。”①这种辩护的心弦迫使庞巴维克认为甚至在没有阶级、没有商品交换时（鲁滨逊，“社会主义国家”）也有利润；迫使他使利润的社会现象完全摆脱“人的心理的一般属性”。我们正是要分析这种奇怪的理论，该理论也只有因资产阶级政治经济学极度衰落才可能有成效。

3．资本主义生产过程概述；利润的形成

我们已经知道，庞巴维克将借助于生产工具或用庞巴维克的术语是借助于“迂回生产方法”（“Produktionsumwege”）进行的任何生产都称之为资本主义生产。这种“资本主义的”生产方式既有其有利的一面，也有其不利的一面：有利的一面是，这里可以得到更大量的产品；不利的一面是，产品的这种获得会伴随着时间的丧失；由于预备的工序（生产工具的生产和全部“中间产品”的生产），消费品并不是一下子而是经过比较长的时间才开始出现：“与资本主义生产方法相关的缺点是**牺牲时间**。资本主义的迂回方法是有利可图的。但却夺走了时间；它们提供更大量的或更好质量的消费资料；但它们只能是在时间顺序上更晚的时候提供这些消费资

① “Auch Böhm-Bawerks Kapitalzinstheorie, welche aus der Grenznutzentheorie geflossen ist, soll nicht bloss das Zinsphänomen erklären, sondem daneben auch Material zur Wiederlegung derer beitragen, welche Zinsinstitution angreifen.”（迪策尔：《社会经济学原理》，第 211 页）

料。这种状况属于整个资本学说的基本状况”。[①] “不可避免的时间差”(“fatale Zeitdifferenz”)就决定了必须要等待:“在最大量的情况下,我们应该在我们必须等候一些时间,而且十分经常地是等候很长时间才能获得用于最终产品消费的成品这样的技术条件下采取迂回生产方法。”[②]“资本主义生产”的这个特点在庞巴维克看来是工人在经济上依附于企业主的基础。工人们不可能“等候”消费品在长时间“迂回方法”条件下才开始出现;[③]相反,资本家不仅能自己等待,而且还能在一定条件下直接或间接地向工人预付消费品,以便换取工人现有的商品量也就是劳动。整个过程总的来说是这样进行的:企业主购买“单独种类”的财货(原料、机器、土地的使用,主要是劳动),并通过生产过程将这些财货变成一级财货即准备用于消费的财货(genussreife Güter)。在这种情况下,资本家那里扣除对其本身劳动的报酬等费用外,剩下某些价值余额,其总量通常与投入到企业的资本总额等比例。这就是“最初的

① “Der Nachteil, der mit der kapitalistischen Produktionsmethode verbunden ist, liegt in einem *Opfer an Zeit*. Die kapitalistischen Umwege sind ergiebigaber zeitraubend, sie liefem mehr oder bessere Genussgüter, aber sie liefern sie erst in einem späteren Zeitpunkt. Dieser Satz gehört... zu den Grundpfeilern der gesamten Lehre vom Kapitale.”(庞巴维克:《原理》,第149页。最后一句话的着重号系我们所加。——尼·布哈林注)

② “In der überwaltigenden Mehrzahl der Falle mussen wir die Produktionsumwege unter solchen technischen Bedingungen beschreiten, dass wir eine Zeit lang und oft sehr lange Zeit auf die Erlangung der genussreifen Schlussprodukte warten müssen.”(同上书,第149页)

③ 只因为工人们不再等,直到用迂回方法用原材料和生产工具为他们提供成熟的可享用的产品,并且他们在所谓半成品已具有最终产品情形时的经济依赖中变成“资本家”(同上书,第150页)。

资本利息”(der“ursprüngliche Kapitalzins”)或“利润”(“Profit”)。[1] 怎样解释利润的起源?庞对这个问题回答道:解释利润就在于要指出,“远期财货虽然在物质上是现时的财货,但就其经济本质而言则是未来的财货”。[2] 这里应当对庞巴维克引用的并在其整个“体系”中发挥极其重要作用的“现时”财货和“未来”财货的概念做些深入研究。决定财货价值的需求可能分布在不同的时间内;它们或者属于现在的时间,这时能直接和最强烈地(“aktuell empfundene Gefühle”)感觉到这些需求,或者属于未来的时间(按合理的看法,这里不研究过去的时间)。庞巴维克将满足现时需求即与现在时间的需求有关的财货称之为“现时财货”(“Gegenwartsgüter”);相反,满足“未来需求”的财货在他那里称为“未来财货”(“Zukunftsgüter”)。例如,如果我现在有一定数量的货币,因而我能够借助于这些货币量来满足我现在的需求,那么,该数量的货币在庞巴维克看来就将是现时财货;如果我能够确切得到该数额,但却要经过一定的时间间隔,那么,这个数额就不能成为满足我现在需求的手段;它用来满足未来的需求,是“未来财货”。未来的需求和现时的需求,无论它们出现在何种不同的时间段内,彼此之间可以相比较,因而也可以将现时财货和未来财货的价值加以比较。在这种比较中确定下述规律:“现时财货比处于同一数量的同一种类的未来财货始终要

① 比较《原理》,第 502 页。

② “Ich muss die Erklärung mit der Feststellung einer wichtigen Tatsache einleiten. Die Güter entfernterer Ordnung sind nämlich, obschon sie körperlich gegenwärtig sind, ihrer wirtschaftlichen Natur nach *Zukunftsware*.”(同上书,第 503 页)

具有更大的价值。”[①]庞巴维克就是把这个规律认为是自己利润理论的基本规律。[②] 确实如此。我们现在回过头来再描述资本家和工人之间的关系。在其他生产资料之中，资本家还购买劳动。劳动也如任何一种生产资料一样，“就其经济本质而言”是未来财货，因而它应当比借助于它而生产的那些财货具有更少的价值。我们假定，从 X 劳动单位可以获得 Y 商品单位 a，其价值现在等于 A；这时，价值（Ya）在远离现在的未来在生产过程的整个周期都将小于 A；劳动的现时价值就等于产品的这个“未来的价值”。

因此，当现在购买劳动，而且劳动的价值表现为现时的货币盾时，可以用比产品售出即生产过程结束后企业主得到的现时的货币盾更少的数量购买劳动。“这种情况任何别的东西都不是，而是‘廉价’购买生产资料尤其是劳动的原因，社会主义者正确地认为该原因是资本利润的源泉，但却不正确地……宣布该原因是统治阶级剥削工人的结果。”[③]因此，“导致利润形成的过程是由现时财货对未来财货的交换开始的”。[④] 不过从交换行为本身还不能产生利润，因为企业主是按劳动的全部现时价值即未来产品的价值

① “Gegenwärtige Güter sind in aller Regel mehr wert als künftige Güter gleicher Art und Zahl.”（《原理》，见第 426 页）

② “这句话是利息学说的核心和焦点，这我已经阐述过。”（《原理》）

③ “Dieses und nichts anderes ist der Grund des ‘billigen’ Einkaufs von Produktivmitteln und insbesondere von *Arbeit*, den die Sozialisten mit Recht für Quelle des Kapitalgewinnes, aber mit Unrecht für die Frucht einer Ausbeutung der Arbeiter durch die Besitzenden erklaren.”（《原理》，第 504 页）

④ 麦克菲尔连据此建议将庞巴维克的利润理论称为“交换理论”（“Exchange theory”）；庞巴维克本人认为称为“溢价理论”（“Agio-Theorie”）更合适，见庞巴维克：《资本和利润、资本利息理论的历史与批判》，杜冈—巴拉诺夫斯基主译，第 567 页。

来购买劳动。但在生产过程中，“他的未来商品……在生产过程中逐渐成熟为现时的商品并以这种方法与现时商品的全部价值成为一体”。① 这就是在未来财货转变为现时财货和生产资料变成消费品过程中形成的价值增值，即是资本利润。这样，利润的基本原因就在于对现时财货和未来财货的不同评价，这是“人的本性和生产技术的起码事实”的结果，而绝不是现代社会结构所固有的社会关系的结果。

这就是庞巴维克所建议的利润理论的大体情况。该理论的最实质性部分，是要与现时财货相比较来论证未来财货的价值理论；庞巴维克对这一部分作了详细研究，我们将在下面对其加以论述和分析评论。这里，我们做一些一般性的初步评论。

我们看到，由于“资本主义生产”将成品的获得延期到相对较长的时间，因而必须等待和延缓消费的论点也与属于“整个资本学说基础”的论点有关；庞以此为论据来论证工人对资本家的“经济依附关系”。无论我们以何种生产周期为例，由于这个简单原因实际上没有必要“等待”也无须延期消费。如果我们已经有社会生产过程的进程，那么，社会消费品就同时处在所有的生产阶段。马克思早就弄清了劳动分工以“空间连续性”替代“时间连续性”的问题。洛贝尔图斯是这样描述这个过程的：“劳动是在所有生产阶段的所有部门的所有‘企业’同时和不间断地进行的。与此同时，在生产原料部门的生产单位，从地下开采新的原料，也在此时，在生

① “Seine *Zukunftsware reift namlich während des Fortschreitens der Produktion allmälig zur Gegenwartsware aus und wächst damit in den Vollwert der Gegenwartsware hinein*.”（《原理》，第 505 页）

产半成品部门的生产单位，上期的原料被加工成半成品，而在生产工具的生产单位，生产出新的工具来替代已消耗的工具，等等。最后，正在此时，在最后生产阶段用于直接消费的产品又一次受到最后加工。”①因此，正如不间断地从自己的领域推出已经准备用于消费的产品的生产过程不间断地进行一样，消费过程也能如此不间断地进行。在现代社会由于“迂回方法”而不可能“延缓消费”，因为生产过程不是始于原料和各种“中间产品”的生产，也不是结束于消费品的生产。它是这两个一个挨近另一个过程的统一。当我们研究现代国民经济时，我们当然是研究已经形成的社会生产体系；而这本身我们就认为必须以被划分的社会劳动和同时并存的生产过程的不同阶段为前提。马克思在《资本论》第二卷中写道：“如果我们考察年再生产，——即使是原有规模的年再生产，也就是说，把一切积累撇开不说，——我们也不是从头开始。我们考察的是许多年中的一年，而不是资本主义生产刚诞生的一年。”②马克思阐释的整个过程是这样进行的：假定（我们假定简单再生产）不变资本等于3c，其中每年有1/3变为消费资料，即c；假定每年周转的可变资本为v，每年积累的剩余价值为m。这时每年生产的产品其价值将等于c+v+m；但每年生产的新价值将只等于v+m；c则完全不能再现，它本身作为过去的生产即上年甚或是前几年生产的产品时，只是转入产品中。因此，c部分每年“发育成为”“消费性财货”，但每年劳动时间量（v+m）中c小时应当用于

① 洛贝尔图斯：《资本》，达维多夫译，第170页。由于达维多夫先生的译文完全不能用，我们对译文作了一些改动。

② 马克思：《资本论》第2卷，人民出版社1975年版，第507页。

生产资料的生产。这样，在每一个该生产周期我们既有生产资料，也有消费资料的同时生产；消费并没有“延缓”，生产资料的生产不具有事先进行的性质，生产、消费和再生产过程不间断地进行。因此，与克制理论思想相似的庞巴维克有关必须“等候”的思想[①]是经不起任何批判的。

鉴于庞巴维克对利润的社会本质的评价，我们仍然要弄清这个思想的意义。我们从上面看到，庞巴维克认为需要等待是工人在经济上依附于企业主的原因。庞写道：“只是因为工人们要等待直到从原料获取和工具生产开始的迂回方法能够提供给自己准备用于消费的产品，从而才使他们在经济上依附于那些占有上述已经准备好了的中间产品的人即‘资本家’”。但正如我们所知道的，工人完全没有必要“等待”；他们可以是自由的，不必等待“成品”（即“消费性财货”）的获取就可以销售自己的“中间产品”，也不会陷入经济上的某种依附的境地。事情的实质并不是工人们只能按庞巴维克的意思“延缓消费”，而是工人们现在失去了独立生产的可能性。这有两个理由：第一，“完全无资本的生产”在资本主义经济条件下是技术上不合理的。即使为徒手生产哪怕是简单的犁，也需要人生的一段时间（某位庞巴维克第二也许会从这种状况中得出结论，工人的经济依附性和利润出现的基础是人生的短暂性）；第二，甚至“ganz kapitallose Augenblicksproduktion”（“完全无资本的瞬间生产！”），例如采集食用的菜根或诸如此类的东西，

① 美国一位克制理论的拥护者麦克连甚至建议用“等候”（waiting）这个术语取代“克制”一词。见庞巴维克：《资本与利息》附录，第 572 页。庞巴维克本人极力避免其理论与克制理论相近似。

也是不可能的，因为在资本主义社会土地绝不是无价值的，而是被私有制锁链十分牢固地束缚着。因此，资本主义所有者阶级对生产资料(其中包括土地)的垄断是“经济依附性”和利润现象的基础，而绝不是“等待”。“等待”理论掩盖了现代关系的历史性，掩盖了现代社会的阶级结构和利润的社会阶级本质。

我们现在转入另一个理论问题。“Der Kom und Mittelpunkt der Zinstheorie”(“利润理论的核心和中心”)在于庞指出了与现时财货相比对未来财货估计不足。罗雪尔的著名野人对借给的90条鱼一个月后还给180条，而且还有720条鱼的可观剩余。[①]因此，他对90条鱼“现时财货”的评价要高于180条鱼的“未来财货”。现代社会发生的情况也大致如此。庞巴维克说：“只是价值的差额将不会是这样大。”那么，这个差额的量总的来说是由什么确定的？对最后一个问题庞巴维克回答道：“这个量更多的是对那些勉强度日的人而言，对那些占有某些财货储备的人来说，……这个差额要小一些。”[②]因为这类人很多(“异常多的雇佣劳动者”)，因为由于他们的“数量优势”，从而这样形成现时财货的价格，即由于主观评价的结果，得出形成利润的某种溢价，因而下述情况是很清楚的：如果承认与未来财货相比对现时财货评价过高是形成利润的中间原因之一，不同阶级财产状况上的差别依然是

---

① 有了90条鱼的储备，他织了鱼网并因此而增加了自己捕鱼的产量。顺便说一句，庞巴维克也如食利者所认为的那样，将利润范畴称作“利息”(Zins)。

② “Sie (die Wertdifferenzen) sind am grössten für Leute, die von der Hand in den Mund leben ... Geringfügiger... ist die Differenz... bei Leuten, die schon einen gewissen Gütertvorrat besitzen.”(《原理》，第471—472页)

这个“事实”的基础。“评价的差异”甚至在这里也必须要求有“**社会的差别**”。① 然而庞巴维克却千方百计试图根除关于利润社会基础的思想。他说：“当然，可能会发生一种情况，即除了在文中阐明的**表面看来**是廉价购买(购买劳动。——尼·布哈林注)的理由外，在某些场合也还有**确实**不正常廉价购买的其他理由，例如，灵活利用有利的市场行情，高利压榨卖者尤其是工人”，等等。② 庞接着说道，但所有这些都应视为是不正常的情况；这里得到的收入是“超额利润”，应将其与所分析的基本收入范畴相区别；它源于其他原因，并具有另外的社会政治意义。但认真分析研究时就会看到，这里毫无任何原则区别。“利润”或“利息”无不是从现时财货交换未来财货和从购买**劳动**中获得的；无论在哪起作用的都是对现时财货较之未来财货的**过高评价**；无论在哪这种过高评价都是受卖者和买者**社会地位**的制约；“利用有利的市场行情”当然不可能有任何特征，这在此种情况下无异于“高利压榨卖者”，因为资本家**从来都是**竭力使用**总是**对他们“有利”而对工人“不利”的行情。另一方面，什么被认为是“高利贷的”压榨，什么是“非高利贷的”压榨，完全不清楚。正如我们看到的，对此无任何**经济**根据。为什么

① 施托尔茨曼：《目标》，第 288 页：“资本赢余的升水不同于利用一个优势使资本家能幸运地占有财富，而是使受法律保护的财产占有成为一种财产占有的秩序。当社会主义者给剩余价值命名时，应该在此基础上去定义它。”

② “Natürlich kann es vorkommen, dass ausser den im Texte entwickelten Gründen eines *scheinbar* billigen Einkaufs im einzelnen Falle auch noch andere Gründe eines *wirklich* abnorm billigen Einkaufs wirksam werden: z. B. geschickte Ausnützung einer günstigen Konjunktur, wucherische Bedrückung des Verkäufers, insbesondere des Arbeiters.”(《原理》，第 505 页注释)

在一种情况下要认为对劳动的购买仅是“表面看来”廉价，而在另一种情况下则认为“确实”廉价，仍然完全不清楚。按照庞的理论，如果发生“高利压榨”，情况也完全会像“正常”获取利润过程中所发生的一样。区别仅仅是，在第一种情况下，工人对现时财货估价过高，比方说比未来财货高15%，而在第二种情况下，仅高10%或5%，无任何原则性的区别。如果庞巴维克断言，“社会范畴”在他的“正常情况下”是无关的，那么，他在解释“不正常偏离”时否认这个论点，就只会暴露他自己观点的前后不一致性。但另一方面，他同时遵循着一种正确的敏感意识：因为承认甚至在“不正常情况下”缺少社会压力，这就意味着最明显地将全部理论引入荒谬。

我们分析研究了庞巴维克利润理论的一般原理和论点，因为他试图避开与必须加以解释的实际的社会方面有任何接触。我们在这里只是想阐述庞巴维克借以详尽描绘自己图案的那个理论背景。同时，已经很清楚，他的理论的基本前提要么与实际直接矛盾（“等待”），要么偷偷地确定社会因素并千方百计地加以掩饰（根据评定人的社会状况来评价未来财货）。格·卡拉索夫说：“剩余劳动的事实丝毫也不能被后一种情况所否定，只能是对其给以逻辑上经不起推敲的解释，或者更正确地说是以事实证明的表面现象。”①另一位作者帕鲁斯十分巧妙地嘲笑这个理由：“现时价值和未来价值——这什么都能证明！如果有人以暴力相威胁，抢走另一个人

① 格·卡拉索夫：《马克思主义的理论体系》，第22页：“... die Arbeit stets weniger Wert besitzt als der gegenwärtige Lohn. Hiermit wird die Tatsache der Mehrarbeit keineswegs geleugnet, es wird ihr nur eine logisch unhaltbare Erklärung, oder vielmehr der Schein einer Rechtfertigung gegeben.”

的钱，这是什么行为？抢劫？不，庞巴维克应该说这只是正当的现货交易：强盗认为货币的现实价值要比无上幸福的未来价值好，而被抢劫者则认为保全性命的未来利益要比自己货币的现实意义更重要。”①

然而真可惜！甚至借助于对现实价值和未来价值的巧妙看法，庞巴维克也不能弄清楚问题。如果在他的体系的基础中已经暴露出利润和一般分配的科学理论所完全不允许的成分，那么，在他已经接受并且已被我们分析所提出问题的范围内，就不可能不暴露出那些缺陷；这些缺陷必定会以某种形式浮到表面上来。

我们因此而转入可以说是对庞巴维克理论内部方面的批判，首先是批判他对现时财货价值优越性的论证。

① 帕鲁斯：《庞巴维克式的经济魔术》，载《新时代》第10年刊，第1卷，第556页："Gegenwartswert und Zukunftswert was liesse sich damit nicht beweisen?! Wenn jemand unter Drohung von Gewalttätigkeiten einem Anderen sein Geld wegnimmt, was ist das? Raud? Nein, sollte Böhm-Bawerk sagen, es ist nur rechtmässiger Tausch: der Räuber zieht den Gegenwartswert des Geldes dem, Zukunftswert der Seligkeit vor, der Bergaubte zieht den Zukunftsnetzen des erhaltenen Lebens der Gegenwartsbedeutung seines Geldes vorl."

第五章　利润理论(续)

1. 对现时财货评价过高的两个原因：不同时期需求与满足需求的手段之间的不同比例关系；对未来财货经常评价不足。2. 对现时财货评价过高的第三个原因：现时财货的技术优势。3. “生活基金”(der “Subsistennzfonds”)。现时财货的需求及其供应。利润的形成。

1. 对现时财货评价过高的两个原因：不同时期需求与满足需求的手段之间的不同比例关系；对未来财货经常评价不足

在上一章我们看到，利润的实现发生在资本家销售其商品的过程中；而利润潜在地产生于购买劳动的过程中。对现时财货的主观评价通常超过对未来财货的主观评价。由于主观评价决定了客观交换价值和价格，因而通常是现时财货不仅在主观价值上，而且在价格上都超过同一种类的未来财货。[①] 资本家在购买未来财

① “在所有的规律中，现时商品与未来同等性质和数量的商品相比具有更高的主观价值。这一结果决定了对客观交换价值的主观重视，所以在所有规律中现时商品与未来同等性质和数量的商品比较也具有更高的交换价值和价格。”(《原理》，第 439 页)

货首先是劳动时所支付的价格,[①]与出售由于生产过程(未来财货“成熟为”现时财货)而获得的商品时所赚得的价格之间的差额,就形成资本利润。因此,我们应当从分析客观价值而在每一个具体场合却是价格所赖以形成的主观评价开始,仔细研究这种利润的形成。

庞巴维克提出了对现时财货的评价高于未来财货的三个原因:第一,不同时期需求与满足需求的手段之间的不同比例关系;第二,对未来财货经常评价不足;第三,现时财货的技术优势。我们一个一个来分析庞巴维克的论据。先从第一个“原因”开始。庞写道:“能够引起现时财货和未来财货价值差异的第一个基本原因,在于不同时间内供求(Bedarf und Deckung)之间的不同比例关系。”[②]对现时财货给以过高评价的这个“原因”,一般会在两种典型的情况下遇到:一种是在人们遭受困难处境的所有情况下;另一种是在期望将来生活有保证的那些人(刚开始行医的医生、律师等)的评价中。对这两类人来说,“现时的”100 卢布要比“未来的”100 卢布重要得多,因为将来在他们各类人那里“需求与满足需求的手段之间的比例关系”有一切可能在更有利的水平上确定。但确有许多人,对他们来说需求与财货之间确实恰好成反比,也即现在是相对较好的状况,而将来却是最坏的状况。庞说,在这种情况下,必须注意以下问题:现时财货,比方说是现时的货币盾,可能或

---

① 归根到底,按庞巴维克的观点,购买生产资料的费用只限于购买土地使用(Bodennutzungen)和劳动的费用;他“为了减化”而从第一种情况得出抽象概念。

② 庞巴维克:《原理》,第 440 页:“Ein *erster* Hauptgrund, der geeignet ist eine Verschiedenheit im Werte gegenwärtiger und künftiger Güter herbeizuführen, liegt in der Verschiedenheit des Verhaltnisses von Bedarf und Deckung in den verschiedenen Zeiträumen.”

是在现在的时间、或是在将来的时间的使用。这尤其应当说到货币，因为货币是可以被保存的。这时现时财货与未来财货之间的关系将是这样的：未来财货仅仅是能够满足未来的需求；现时财货不仅能够满足这些未来需求，除此之外还能满足现在的需求，满足分布于时间顺序上较临近的时间段上的那些未来的需求。这里一般来说可能出现两种情况：1）现时需求和邻近的未来需求较之谈及的未来需求并不那么重要，现时财货在这种情况下才得以保留，并用于满足未来的需求；其价值将决定于这些未来需求的重要程度；因此，这里现时财货就其价值而言将与未来财货相等。[①] 2）现时需求更加重要，这时现时财货就其价值而言超过未来财货，因为后者仅可以从未来的需求中取得自己的价值，但无论如何也不能从现时需求中取得价值。由此得出结论，现时财货在价值上可能等于但不能少于未来财货。但按庞的见解，由于在不久的将来总是有物质状况相对恶化的可能，甚至相等的情况也在减弱，这种可能性为现时财货提供了更有利使用的某些机会，而这些机会则是未来财货所没有的。“因此，现时财货就其价值而言至少是等于未来财货，通常来说，由于其作为储备的可应用性，现时财货具有优越性。”[②]在庞巴维克看来，只有当现时财货的保存出现困难或完全不可能保存的情况发生时，才会有例外。因此有三类人：1）那些现在比将来处于更坏条件下的许多人，他们对现时财货的评价更

① 因为现时财货也将作为过去产品被保留下来，并且价值也被他们划分了，所以未来财货也存在价值，这种价值将能够变成可利用的价值（《原理》，第 442 页）。

② “Die gegenwärtigen Güter sind also den kunftigen im schlimmsten Falle an Wert gleich, in der Regel um die Verwendbarkeit als Reservevorrat im Vorteil.”

高;2)那些有可能持有现时财货作为储备基金并将其用于满足未来需求的许多人,他们对现时财货的评价或是与未来财货相同,或是稍高一点;最后,3)那些"现今和将来的联系被特殊情况阻碍或威胁的"为数不多的一些人,这些人对现时财货的评价低于未来财货。因此整个说来,当谈及现时财货时,主观评价有抬高的趋势,当谈及未来的同一数量财货时,主观评价有压低的趋势。

这就是过高评价现时财货的"第一个"原因。

我们现在就分析这个"原因"。首先应当指出,总的说来,这样提出问题受**历史**的局限。也就是说,它仅仅对易货经济是可能的,而对所有的自然经济类型是绝对不可思议的。在那种情况下,后一种状况不仅对保存不好的产品,而且正如皮尔松和博尔特克维奇所正确指出的,对其他产品也适用。"被提供给延续自己生命所需的这些数量的煤和葡萄酒等等的那个人,肯定会对此十分感谢,——皮尔松在讨论庞巴维克的理论时这样指出。不过,皮尔松本质上赞同这种理论。——在任何情况下金钱是另一回事"。①

接下来我们看到,在庞巴维克看来,对现时财货比未来财货评价过高,在很大程度上是因为现时财货能够满足其借以取得自己价值的更加重要的未来需求。假定我们有一个现在能得到较好保

① 博尔特克维奇:《庞巴维克利息学说的基本错误》,载《施莫勒年鉴》,第30卷,第947页:"Jemand, dem solche Mengen Kohlen, Wein usw. zur Verfügung gestellt würden, als er voraussichtlich in seinem ganzen Leben nötig haben wird, würde sich dafür schön bedanken, bemerkt bei der Besprechung der Böhm-Bawerkschen Theorie *Pierson*, der übrigens dieser Theorie im wesentlichen beipflichtet. Mit dem Geld sei es allerdings eine andere Sache."

障但并不指望在未来也如此的人。他现在拥有的10盾能够满足现在100个单位的需求；由于将来我们这个人拥有的盾将减少，从而这10盾的价值比方说提高到150个单位。由此可以断定，我们这个人对将来10盾的评价高于现在的10盾。但正如我们所看到的，庞却得出了另外的结论。也就是如他所说，由于现在的10盾可以被保存并可用于将来，因此这10盾现在已经有未来盾的价值。这样，这里未来价值反映于现在。这个前提条件即未来财货的价值可以转移到现时财货，我们认为是与庞巴维克关于利润起源的基本思想相矛盾的。实际上，我们可以将庞巴维克的论断应用于生产资料。任何生产资料，无论是机器还是劳动，都可以从双重角度看：既看作是未来财货，又看作是现时财货（后者是因为有现在实现价值的可能，以及实物形式的存量如机器等）。我们可以现在实现该生产资料的价值——出售生产资料并赚得比如说100个价值单位；我们可以将生产资料投入生产过程，并在一定时间过后赚得150个价值单位。这样，生产资料的未来价值等于150，其现在的价值等于100。如果现在像庞巴维克那样，假定可以根据现时财货的未来价值来评价现时财货，那么很清楚，这类假定恰恰对生产资料而言是不能容忍的，因为这时资本家自己付钱与他赚钱之间的区别就消失了，在庞巴维克看来是产生利润的原因的"溢价"也会消失。庞的错误在于，他对未来财货排除了现在使用的可能性。[①] 当然，设想的"未来财货"不能现在实现自己的价值。但恰恰是现在以其物质本质形式存在的生产资料，并不属于"设想的

① "从未来财货的应用中能够推导出它的价值。"（庞巴维克：《原理》，第442页）

货币盾”的范畴。二者之一:或者是现时财货不能从未来的效益中取得自身的价值(当然是在我们所分析的第一个原因的范围内),这时就没有过高评价现时财货这一事实存在的余地,因为对现时财货和未来财货的评价失去平等;或者是现时财货能够从未来的效益中取得自身的价值,这时无处可取得利润(还是暂时在“第一种情况”的范围内)。在两种情况下取得的结果对庞巴维克都是不利的。

我们现在从现代资本主义现实的观点即从资本家和工人的观点来看待事物。先从工人开始。工人出卖自己的商品即劳动,而资本家将劳动作为生产资料即未来财货购买,以交换“现时的”货币盾。工人“同意”以低于劳动产品将具有的那种价值来出卖自己的劳动(未来财货)。但这种情况的发生绝不是因为工人能够指望着最好的需求和满足的关系,而是由于工人相对差的社会地位。[①]工人丧失了“在社会上达到相当地位”的任何希望,正是这种情况说明了全世界无产者的状况。因此,对现时财货评价过高的“第一个原因”完全不涉及工人的评价动机。但它也完全不适用于解释对资本主义企业主的评价。关于这一点恰好庞巴维克本人说了下面一段话:

“如果资本家出售了其作为现时财货的全部财产储备,即如果他们直接消费掉这些储备,那么,现时需求当然足以得到满足。同时,未来的需求却仍完全得不到满足……既然问题不是别的,而是现在和将来需求与满足需求手段之间的关系,因而对于超过现时

① 施托尔茨曼,第1卷,第306—307页。

需求的财产储备的占有者来说,现时财货本身甚至具有少于未来财货的价值。”①

对于资本家来说,超过其自己需求的现时财货,只有当他有效地使用这些财货时才是有用的,即他将这些财货变成未来财货。这种情况促使“过高评价”的不是现时财货,而恰恰是未来财货,我们此时指的是劳动。这样,在需求方面和供给方面,“第一个原因”是绝对无效的。

我们现在转入“第二个原因”。它可归结为,“我们经常对我们的未来需求和用来满足需求的手段估计不足”。② 庞巴维克一点也不怀疑事实本身;他只是说,这个事实仅仅是不同程度地存在,要视民族、年龄和身份而定。庞说,这个事实在儿童和野人那里表现得尤为明显(“ganz krass tritt sie uns bei Kindern und Wilden entgegen”)。庞巴维克引用了引起这种现象的三个理由:1)有关未来需求的概念不完备(Lückenhaftigkeit);2)“意志缺陷”,它迫使人们更喜欢现在,甚至即使意识到这种行为无用;3)“对我们生命的短暂和脆弱的看法”(“die Rücksicht auf die Kürze und Unsicherheit unseres Lebens”)。

① 庞巴维克:《原理》,第 510 页:“Würden die Kapitalisten ihren ganzen Vermögensstamm als gegenwärtige Güter verwerten, das ist, in gegenwärtigem Genusse verzehren, so wurde augenscheinlich der Bedarf der Gegenwart überfliessend versorgt, während der Bedarf der Zukunft ganz unbedeckt bliebe... *So weit es auf nichts anderes ankommt, als auf die Verhältnisse von Eedarf und Deckung in Gegenwart und Zukunft, sind für Besitzer eines den Bedarf der Gegenwart übersteigenden Vermogensstammes gegenwärtige Güter als solche sogar weniger wert als künftige.*”

② “Wir unterschätzen systematisch unsere künftigen Bedürfnisse und die Mittel, die zu ihrer Befriedigung dienen.”(庞巴维克:《原理》,第 445 页)

我们觉得,这"第二个原因"也像第一个原因那样不充分。既然有经济的存在,就有一定的经济计划,这个计划不仅注重现时的需求,而且也注重未来的需求。庞巴维克所说的"野人"和"儿童"无论如何也不能拿来作为例子用。"未来概念的不完备"、"意志缺陷"或"对我们生命的短暂和脆弱的看法",对现代大企业家的会计核算可能会产生何种影响?经济有自己的逻辑,而且经济活动的动机、经济核算与野人和儿童的动机有天壤之别。相反,货币储蓄(如果有利可图)、等候行情、有关未来的复杂计划等,是资本主义经济的特征。如果资本家是"孩子",他只能是用自己的"零用钱"行事。基本价值和企业性的业务,是以最严格的核算为基础进行的。关于这一点维塞尔完全正确地指出:"我觉得,在文明条件下,任何一位好主人,实际上还有所有的中间人物,都学会了在某些方面克服人的本质的这种弱点(即对未来财货估计不足。——尼·布哈林注)……关心未来的必要性在这里特别大,如果这种必要性特别明显地表现出来,就不会发生任何奇迹。"①

此外,甚至是从庞的观点出发,也不能为解释资本利润而遭受与"将来"有关的风险,因为正如博尔特克维奇所言,"在庞巴

① 维塞尔:《自然界价值》,第17页:"Es scheint mir. . . , dass im Stande der Civilisation jeder gute Wirtschafter und der Hauptsache nach auch alle mittelmassigen gelernt haben, in einer gewissen Beziehung dieser Schwäche der menschlichen Natur Herr zu werden. . . Die Aufforderung zur Vorsorge ist in dieser Beziehung eine besonders starke, und es dürfte nicht Wunder nehmen, wenn sie hier vor allem wirksam geworden ware."还见博尔特克维奇:《庞巴维克利息学说的基本错误》。"……讨论反对庞巴维克的看法即关于低估未来财货价值的倾向已被广泛传播,具有相反特征的情况根本不属于少数派"(第949页)。施托尔茨曼也如此,第1卷,第308—309页。

维克的理论中，指的是解释本意上的资本利息即纯利息，而不是在其他组成部分当中还包含风险金的总利息，而且风险金要考虑不稳定的因素，并且不在研究之列，因为问题涉及的是纯利息。”①

我们现在转入工人和资本家。庞巴维克认为，工人自己能够以企业主的作用出现，并在将来获得自己劳动的产品。但工人更愿意现在得到哪怕是一部分产品，因为他“经常低估”未来财货；实际发生的完全不像庞巴维克所想象的那样。也就是说，工人出卖自己的劳动力不是因为他“低估”未来财货，而是因为他除了出卖自己的劳动力（在庞巴维克那里是劳动）之外，别无可能获取其他任何财货；在自己生产与资本家工厂里的生产之间作出选择对他来说简直是不存在的；他无任何可能将未来财货即“劳动”变成现时财货，因为他根本不把自己的劳动评价为是未来财货，——这种观点对他是绝对格格不入的。这种情况是如此清楚，甚至连那些不把资本主义赞扬成为体系或至少不像庞那样卖力去做的资产阶级经济学家也看到了。列克西斯教授写道：“产业工人总的来说现在还不能独立出卖自己的劳动力；为此他需要新的巨大的生产资料，这些生产资料为资本所拥有，并只有在资本所提供的条件下对他才是可行的……工人不从事自己的生产经营，他的劳动产品不

① 博尔特克维奇，第1卷，第950页：“... bei der Böhm-Bawerkschen Theorie handelt es sich um die Erklärung des Kapitalzinses im eigentlichen Sinne, d. h. des Nettozinses nicht aber des Bruttozinses, der unter anderen Bestandteilen die Risikoprämie enthält, welche letztere dem Mement der Unsicherkeit Rechnung tragt und für die Frage des Nettozinses aus der Betrachtung ausscheidet.”

属于他自己,对他不相干;经营对他来说是谋取和消耗他的工资。”①

这就是工人方面的情况。我们再来看看资本家方面发生的情况。关于这一点庞巴维克自己承认,对于资本家来说,正是因为他们作为资本家而不是好挥霍者(“Verschwender”),因而对现时财货的过高评价不发生作用。② 所以,在需求和供给两个方面,这里“第二个原因”也像第一个原因那样是无效的。

“可见,对许多资本家来说(我们看到,这与工人也有关。——尼·布哈林注),三个因素中的前两个没有在现实中表现出来。相反,我们熟知的第三个因素:现时财货的技术优势,或有时称为‘资本生产率’的那种东西,在这里可以发挥自己的作用。”③

因此,我们应当分析最后一个“原因”——现时财货的技术优势。

① 列克西斯:《国民经济学概论》,第 7 页:“Der industrielle Arbeiter aber konnte jetzt aus eigenen Mitteln seine Arbeitskraft uberhaupt nicht verwerten, er bedurfte dazu der neuen mächtigen Produktionsmittel, die sich im Besitz des Kapitals befanden und ihm nur unter den vom Kapital gestellten Bedingungen zugänglich waren... *Der Arbeiter fuhrt keine eigene Produktionswirtschat, das Produkt seiner Arbeit gehört ihm nicht und ist ihm gleichgultig, das Wirtschaften besteht fur ihn in dem Erwerben und Verausgaben seines Lohnes*.”(着重号系我们所加)请比较帕鲁斯,第 1 集,第 550 页:“对于劳动者来说,当前劳动价值是虚构的,人们对此最多只能用数学去讨论即从很大立即变为零。”

② 《原理》,第 520—521 页。

③ 同上书,第 521 页:“Von den drei Momenten... treten also für die Masse der Kapitalisten(我们看到,这的确也对于工人。——尼·布哈林注)die beiden ersten *nicht* in Wirksamkeit. Dagegen kann hier das uns wohlbekannte dritte Moment wirksam werden: die technische Ueberlegenheit der gegenwärtigen Grüter, oder das, was man sonst die ‘Produktivität des Kapitals’ nennt.”

2. 对现时财货评价过高的第三个原因：现时财货的技术优势

庞巴维克赋予特殊意义的这第三个理由是："现时财货通常由于技术原因而成为满足我们需求的最好资财，并因此而保证我们比未来财货有更高的边际效益。"[①]这里我们应当作一个补充说明，并暂时请读者记住如下的情况：迄今为止，庞巴维克一直认为，现时财货指的是享受性财货，是一级财货，最差的也是能够轻而易举转换成消费性财货并能完全直接满足人们需求的"现时的"货币盾。我们的资本家正是用盾来支付，将其作为他用以交换"未来财货"即劳动的现时商品。但在所分析研究的场合所谈的完全不是这个问题。这里庞巴维克不是把生产资料同与其相对立的消费资料加以比较，而是在生产资料彼此之间进行比较，比较这些生产资料的不同范畴。这就造成一系列的后果，对此将在下面谈及。

我们回到正题上来。从上一章我们知道，在庞巴维克看来，生产过程越是延长，它就越是有成效。如果我们以某种生产资料单位为例，譬如投入到技术上不同的生产过程中的劳动月，那么，由于生产过程长短的不同，结果也将不同。庞巴维克引用了下列表格：

---

① 《原理》，第 454 页："... in aller Regel gegenwärtige Güter aus technischen Gründen vorzüglichere Mittel für unsere Bedurfnisbefriedigung sind und uns daher auch einen höheren Grenznutzen verbürgen als künftige."

表 1 一年中耗费的劳动月

		1909	1910	1911	1912	
给定的经营期(即到年底)	1909	100	——	——	——	产品单位
	1910	200	100	——	——	
	1911	280	200	100	——	
	1912	350	280	200	100	
	1913	400	350	280	200	
	1914	440	400	350	280	
	1915	470	440	400	350	
	1916	500	470	440	400	

庞说,对于满足 1909 年的需求,1910 年或 1911 年耗费的劳动月,根本什么也没向我们提供;1909 年耗费的劳动月提供了 100 单位产品;对于满足 1914 年的需求,1911 年的劳动月提供的单位产品为 350,1910 年为 400,1909 年为 440。

“不论从哪一个时间段相比,总是高级的(现在的)一类生产资料较之大小相等的低级的(将来的)一类生产资料在技术方面占有优势。”①庞巴维克接着说,这种优势不仅是技术上的,而且是**经济上的**:在“更加资本主义化的”部门即具有更长生产线的部门所获得的产品,不仅在获得单位产品的数量上,而且在总**价值**上都超过“资本主义化程度较低的”部门的产品。

“但它(高级的一类生产资料。——尼·布哈林注)是否在其边际效益水平方面、在其**价值**方面也具有优势?当然是的。因为如果这种优势能够为任何需求领域提供可供我们支配的更多的满足

① 《原理》,第 457 页:“Mag also der Vergleich vom Standpunkte was immer für eines Zeitraumes ausgezogen werden, so zeigt sich überall die ältere (gegenwärtige) Produktivmittelmenge der gleich grossen jüngeren (künftigen) technisch überlegen.”

需求的资料，而为满足这些需求我们又能够或愿意采用高级的一类生产资料，那么，高级的一类生产资料对于我们的富足安康就具有更大的意义。”①

庞说，对于同一时间的同一个人来说，更多数量的产品将具有更大的价值。**产品**价值的情况也是如此。生产资料价值的情况又如何呢？正如我们从关于价值那一章的有关部分中所了解的，不同使用方式下的生产资料价值是由产品的最大价值即在最有利的生产条件下生产的产品的价值所决定的。

“对于可供选择的具有不等量边际效益的不同使用方法的财货，**最高**边际效用是决定性因素。因此，在我们的具体场合，是指**代表最高价值额**的那种产品。”②

看来由此可以得出结论，生产资料的价值决定于**产品的**最大**数量**，即决定于生产过程的最大延长量。但就是这个论点，我们也请读者特别牢固地记住，庞巴维克的理论实际上**给出的是另外一个答案**。我们的作者说：“最高价值额不应当与包含最大单位数量的那种产品相吻合：相反，最高价值额很少或从来都不与上述产品相符。因为我们是要通过延续了100或200年的非同寻常的长期

① 《原理》，第457页：“Ist sie (Produktivmittelmenge H. B) aber auch in der Höhe ihres Grenznutzens und ihres Wertes überlegen? Ganz gewiss ist sie es. Denn wenn sie uns fur jeden denkbaren Bedürfnisskreis zu dessen Gunsten wir sie verwenden können oder wollen, mehr Befriedigungsmittel zur Verfügung stellt, so muss sie doch auch eine grössere Bedeutung für unsere Wohlfahrt haben.”

② 同上书，第458页：“Bei Gütern, die alternativ eine verschiedene Verwendung mi verschieden grossem Grenznutzen zulassen, ist der *höchste* Grenznutzen der massgebende. Also in unserem konkreten Falle *das jenige Produkt*, *das die höchste* Wertsumme darstellt.”

生产过程才能取得单位(产品)的最大数量。然而,在我们的子孙后代那些时代才生产的财货,在我们现在的评价中却完全没有任何价值”。① 因此最大价值额将与这样一种产品相符合,即用单位价值相乘的这种产品的单位总额所得出的最大量,而且要考虑到“相关经营期需求与满足手段之间的关系和对未来财货所具有的远期简化”(即价值的减少。——尼·布哈林注)。②

假定我们只有“第一个原因”,即“增加的、不断完善的供给关系”,假定庞巴维克称之为“真实价值”的单位产品的相关(减少的)价值将是:1909 年为 5;1910 年为 4;1911 年为 3.3;1912 年为 2.5;1913 年为 2.2;1914 年为 2.1;1915 年为 2;1916 年为 1.5。这时,在第二个原因的作用下,即在将来缩减的情况下,相关的数字将为 5;3.8;3;2.2;1.8;1.5;1。因此,由于我们以前分析的两个原因,我们和庞巴维克一道要求与“现时财货”相比减少“未来财货”的价值。以此为基础,庞编制了下列表格:

① “Dieses muss beileibe nicht mit demjenigen Produkt zusammenfallen, welches die grösste Stückzahl enthält: im Gegenteil, es fällt selten oder nie damit zusammen. Denn die grösste Stuckzahl würden wir durch einen unmässig langen vielleicht 100 oder 200 Jahre dauernden Produktionsprozess erlangen. Güter aber, die erst zu Lebzeiten unserer Urenkel und Ururenkel zur Verfügung gelangen, haben in unserer heutigen Schätzung so gut, wie gar keinen Wert.”(《原理》,第 460 页)

② 同上书,“... das Verhältniss von Bedarf und Deckung in der betreffender Wirtschaftsperiode und... Rücksicht auf die bei künftigen Gütern eintretende perspektivische Reduktion.”比较该著作的第 461 页。这里顺便说一句,庞巴维克将总额的价值确定为是用单位数来乘的单位的价值,这与他自己的理论是相矛盾的。在第 461 和 462 页的注释中,他枉费心机地试图摆脱这个矛盾。不过这个问题属于另一个领域,并在第一部分的相关章节中我们已经分析研究过。

表 2　1909 年耗费的一个劳动月所得结果

经营期	单位产品数量	真实的单位边际效用	远期减少单位价值	全部产品的价值总额
1909 年	100	5	5	500
1910 年	200	4	3.8	760
1911 年	280	3.3	3	840
1912 年	350	2.5	2.2	770
1913 年	400	2.2	2	800
1914 年	440	2.1	1.8	792
1915 年	470	2	1.5	705
1916 年	500	1.5	1	500

表 3　1912 年耗费的一个劳动月所得结果

经营期	单位产品数量	真实的单位边际效用	远期减少单位价值	全部产品的价值总额
1909 年	——	5	5	——
1910 年	——	4	3.8	——
1911 年	——	3.3	3	——
1912 年	100	2.5	2.2	220
1913 年	200	2.2	2	400
1914 年	280	2.1	1.8	504
1915 年	350	2	1.5	525
1916 年	400	1.5	1	400

从这些表格可见，1909 年耗费的劳动的最高价值（840 价值单位），高于由于 1912 年更晚的劳动所得到的最高价值（525）。如果我们对 1910 年和 1911 年做必要的计算，并编制出同我们的第一个表格相类似的汇总表，那我们会得出下列结果。①

① 表 4 同表 1 的区别将仅仅在于，表 1 中以产品计算，表 4 中以价值计算。

表 4　一年中耗费的劳动月

给定的经营期	1909	1910	1911	1912	价值单位
1909	500	——	——	——	
1910	760	380	——	——	
1911	**840**	600	300	——	
1912	770	616	400	220	
1913	800	700	560	400	
1914	792	**720**	**630**	504	
1915	705	660	600	**525**	
1916	500	470	440	400	

"因此,实际上当前的劳动月无论是在(更大的)技术效能方面,还是在(更大的)边际效用和价值方面,都优越于所有未来的劳动月。"①

① 《原理》:"Es ist also in der Tat der gegenwärtige Arbeitsmonat allen künftigen nicht bloss an technischen Produktivität, sondern auch an Grenznutzen und Wert uberlegen."为了弄清庞巴维克的观点,应当指出,他的"生产周期"("Produktionsperiode")概念与通常的概念有本质区别。这完全不是连续不断耗费于从准备工序开始的全部工序的时间总量,因为"在我们的无资本生产几近消失的时代,从严格意义上说,几乎每一种消费性财货的生产周期的开始都可以向前推移到过去的几个世纪中。"(第 156 页)。"更重要和正确的是观察在一个工具中使用的原始的生产力,以及劳动力和土地资源的逐渐增加与最终的消费性财货生产完毕之间的平均时间。这些生产方式是有很强的资本性的,它们对原始的生产力的浪费要相对晚一些地给予回报"(第 157 页)。如果单位财货的生产大体上要花费 100 个工作日,而且如果 10 年内过程结束前耗费一个工作日,从以后的 9 年、8 年、7 年、6 年、5 年、4 年、3 年、2 年和 1 年中耗费一个工作日,其他全部 90 天直接用于整个过程结束之前,那么,第一个工作日要过 10 年然后是 9 年等才得到补偿。而全部 10 天平均要通过

$$\frac{10+9+8+7+6+5+4+3+2+1}{100}=\frac{55}{100}$$

得以补偿,即大约要半年。这就是生产周期。因此,单位生产资料在 100 天内用于生产周期等于半年的生产过程。这个生产周期越长,生产就越"丰富","资本的生产力"就越高。莱维茵很好地说明了这个概念的十分荒谬和空洞:"庞巴维克在生产周期的

总之，这里证明，在庞巴维克看来，**现时生产性**财货比**未来生产性**财货不仅具有技术优势，而且具有**经济**优势（即价格结算条件下的优势）。庞巴维克是通过这样的推论来转向现时财货本身即现时消费性财货的：拥有一定的现时消费性财货储备使得有可能将生产资料用在最有成效的生产过程；如果生活资料很少，那么，就不能在长时期内等待产品的获得。而在生活资料的这一数量下，就出现可能的生产周期。而且，我们越快拥有生产资料，就可能越好地使用它们。如果我们有 10 年的现时消费性财货的储备，那么，现时生产性财货就可能在这全部 10 年内使用；任何的未来财货都将以更少量的时间处于生产过程之中；如果我们过 3 年后才得到生产资料，最长的生产过程将为 10－3，即 7 年，等等。① 因此，"这里从属关系如下。对一定数量的现时消费性财货的支配使用，能够满足我们在当前经济周期的需求，从而腾出恰好在该周期具有的生产资料（劳动、土地、资本财富），以用于未来技术上更有效的使用"。② 换言之，因为现时生产性财货比未来财货更有价值，

计算时是如何达到那个平均数的以及他这样计算的原因，首先是不可理解的。在上一个例子中提到的那个在 10 年前创造出来的但对现在的消费性财货的生产仍是必要的工具，是全部地而不是部分地属于他的生产这一财货的第 10 部分，其余的中间产品也可作为它的一小部分处理。对于成本核算来说只考虑生产资料的相应部分，而对于生产周期的确定则必须把全部的生产资料都计算在内。"（第 1 册，第 201 页）因此，以庞的计算为基础的生产周期概念本身，丧失了一切意义。况且，庞巴维克远不总是遵循自己的这个定义。

① 沙波什尼科夫也对这一点给以类似的解释，第 1 册，第 120 页。在庞巴维克那里生产过程的长度与储备量之间的依赖关系是很复杂的（见《原理》，第 532—536 页）；但在此种场合这对我们没有意义。

② 庞巴维克：《原理》，第 469 页："Der Zusammenhang ist der folgende. Die

因为现时消费性财货的存量促成了这一点,所以现时消费性财货能获得某种溢价。现时生产性财货高于正常的价值会导致现时消费性财货价值的提高。

这就是"第三个原因"。在转入对庞巴维克这一最重要的在我们看来是经院式的论据进行批判之前,我们简要地说明他对这一点进行推论的整个过程。

第一,现时生产性财货要比未来生产性财货提供更大量的产品。

第二,该产品的任何现在价值以及最高价值,大于现时生产性财货。

第三,因此,现时生产资料的价值高于未来生产资料的价值。

第四,由于现时消费性财货能够将生产资料投放于最有成效的工序,即现在将其投放于长期的事业,因而现时消费性财货较之未来消费性财货能够获得更高的评价。

我们现在转入对全部论据的批判分析。

第一,庞巴维克断言,现时生产性财货提供更大量的产品。引用我们的表1作为证据。为使庞的论据具有某种意义,这里必须要消除与上面所分析的过高评价现时财货的头两个"原因"相关的一切。所获得产品的数量应不以产品的何时获得为转移。在庞巴维克的表格中,生产的数列在同一年内中断。实际上,如果我们假定,获得产品的期限对我们无关紧要,那么,正如博尔特克维奇所指出的,我们就会得到完全另外的结果。

Verfügung über eine Summe gegenwartiger Genussmittel deckt unsere Subsistenz in der laufenden Wirtschaftsperiode, macht dadurch unsere in eben dieser Periode verfügbaren Produktivmittel (Arbeit, Bodennutzungen, Kapitalgüter) für den technisch ergiebigeren Dienst der Zukunft frei."

也就是说，如果我们假定，生产数列 1909、1910、1911 和 1912 年长度相同，那么，产品数量也将与 1909 年的相同；各产品数量之间将无任何差别。差别而且是唯一的差别仅在于，这相同数量的

表 1　一年中耗费的劳动月

		1909	1910	1911	1912	
	1909	100	——	——	——	
	1910	200	100	——	——	
	1911	280	200	100	——	
给定的经营期	1912	350	280	200	100	产品单位
	1913	400	350	280	200	
	1914	440	400	350	280	
	1915	470	440	400	350	
	1916	500	470	440	400	

表 1a　一年中耗费的劳动月

		1909	1910	1911	1912	
	1909	100	——	——	——	
	1910	200	100	——	——	
	1911	280	200	100	——	
	1912	350	280	200	100	
给定的经营期	1913	400	350	280	200	产品单位
	1914	440	400	350	280	
	1915	470	440	400	350	
	1916	500	470	440	400	
	1917	——	500	470	440	
	1918	——	——	500	470	
	1919	——	——	——	500	

产品将不是在同一时间获得的，也即该生产资料越是远离“现在时间”，绝对量相同的结果的获得就越晚。同时，作为 1909 年耗费的劳动月，已经在 1916 年带来 500 产品单位，1910 年耗费的

劳动月,带来这500产品单位不是在1916年,而是在1917年;1911年耗费的劳动月,则是在1918年,等等。这样,如果我们不对更晚或不太晚的所得进行不同评价,那么,产品数量是相同的。

第二,我们现在转入产品价值问题和最大价值问题。我们在上面看到,如果彻底接受庞巴维克的观点,那么最大价值应当在最大限度延长生产过程从而在最大限度地增加产品数量的情况下获得。但庞巴维克否认这一点,并引证这样一个事实,即到我们子孙后代那时获得的产品,对我们几乎无任何价值。以他的计算为基础的这个先决条件,在方法论上是不能容许的。实际上,如果我们已经事先引证对未来财货评价不足的作用(它是否是由"第一个"或"第二个"原因引起的),那我们就不可能分析"第三个原因",即分析我们现在感兴趣的那个问题。事实上,庞巴维克偷偷地确定第一个或第二个因素的作用,仅仅是因为这一点,他才获得他认为是第三个因素发生作用的那些结果。实际上,为什么在他那里时间上不同的生产资料的产品却得到不同的最大价值?只不过是因为他视时间而定两次减少了产品的价值:

1909—5	1913—2.2	1909—5	1913—2
1910—4	1914—2.1	1909—3.8	1914—1.8
1911—3.3	1915—2	1910—3.2	1915—1.5
1912—2.5	1916—1.5	1911—2.2	1916—1

头两个纵行是在"增加的、不断完善的供给关系"的影响下减少财货的价值,第二个是在人的生命脆弱的顾虑等的影响下即在第二个原因的影响下减少财货的价值。如果没有这些,对所有的年份就只有同一个数字即5。我们在编制与表4相同的表格,并

随着产品数量的增加而对所有纵列都一样地减少价值时，会得到：①

表 4　一年中耗费的劳动月

		1909	1910	1911	1912	
	1909	500	——	——	——	
	1910	760	380	——	——	
给定的	1911	**840**	600	300	——	价值
经营期	1912	770	616	400	220	单位
	1913	800	700	560	400	
	1914	792	**720**	**630**	504	
	1915	705	660	600	**525**	
	1916	500	470	440	400	

表 4a　一年中耗费的劳动月

		1909	1910	1911	1912	
	1909	500	——	——	——	
	1910	760	500	——	——	
	1911	**840**	760	500	——	
	1912	770	**840**	760	500	
给定的	1913	800	770	**840**	760	价值
经营期	1914	792	800	770	**840**	单位
	1915	705	792	800	770	
	1916	500	705	792	800	
	1917	——	500	705	792	
		——	——	500	705	
		——	——	——	500	

比较表 4 和表 4a，我们确认，最大价值在表 4 中是不同的

① 为简便起见，我们选取庞巴维克那里在头两个原因影响下所得到的那种减少的程度，即数列 5、3.8、3.2、2.2，等等。

(840、720、630、525),而在表4a中则是相同的(840)。发生这种不一致现象仅仅是因为表4中价值的减少取决于时间,因而第二个纵行已经从另外的数字开始(380,而不是500);同时,表4a中价值的减少只取决于产品的数量,而且全部4列开始的数字都是一样的,因为产品的数量都一样。[①] 因此很清楚,有关现时生产资料的更大经济效率的结论,只是由于在计算中使用了两个原有的因素才得出的。如果我们使两个因素中的一个不再发生作用,至于是其中的第一个还是第二个因素都无所谓,我们自然会得到同样的结果,但仅仅是数量上会减少。在任何情况下都很清楚,赫赫有名的"第三个原因"作为一个独立的因素实在是不存在。这一点可解答现时和未来生产资料的价值问题(第三点)。

第四,甚至如果承认"第三个原因"的前三个"原因"是正确的,庞巴维克也还是不能由生产性财货转向消费性财货。正如我们所知道的,这里他作出这样的推论:因为现时生产性财货比未来生产性财货更有价值,所以现时消费性财货也比未来消费性财货更有价值。因此,如果可以这样表达,消费性财货被看作是生产资料的生产资料,则生产性财货是决定性因素,消费性财货是被决定因素。但这个论点是与整个学派的基本观点相矛盾的,该学派认为,消费性财货是第一性的,而生产性财货是更远类别的财货——就其价值而言是导数。我们在这里也看到,这

① 顺便说一句,庞巴维克在自己的表格中没有注意到随着产品数量的增加而造成产品价值的减少,即从边际效用理论的最重要原理中抽象出来。

种解释是在兜圈子。[①] 产品的价值决定生产资料的价值，生产资料的价值决定产品的价值。这本身就自相矛盾。此外，在现时财货边际效用影响下的现时财货价值的定义，与现时生产资料更大技术和经济效率作用下形成的定义之间的关系也令人不解。假定现时财货某种储备的边际效用实际上等于500；如果头两个原因一般不起作用，而第三个原因的影响也表现不出来，那么，那些财货的未来储备也等于500。我们现在假定，由于能够产生我们储备存量的更有利的生产周期，我们获得800价值单位，而在晚一年的情况下（即在更短生产过程的情况下），只有700单位。在庞看来，这时就应当确定现时消费性财货的价值多于未来消费性财货。这也可以发生在下列场合（我们以两个主要情况为例），即现时财货的价值高于500，或者是未来财货的价值跌到低于500。第一种情况不可能发生，因为这明显违反边际效用规律。第二种情况是否能发生？也不能。实际上，怎么可能财货价值的减少仅仅是因为，用这些财货什么也不能做，从而完全不能列入“需求等级表”？这当然是谬论。要把事情弄清楚相当简单。这里庞巴维克人为的理论要求消费性财货在其价值方面取决于生产性财货；消费性财货在一定程度上被看作是生产生产资料的生产资料。因此，基本理论的任何一种稳定性都彻底丧失。理论基础依靠的是消费性财货的边际效用，它是任何价值的起因。由于消费性财货本身被视为生产

① 见博尔特克维奇，第1卷，第957—958页：“是的，现时生产资料的技术上的考虑会间接地导致一种有利于现时消费性财货的价值取向的产生，这种价值取向主张将最后的生产资料也要用于未来的技术上巨大的贡献。这里的论证是在绕圈子，因为事实上现时生产资料相对于未来生产资料的价值盈余只有根据一种对时间上分散的消费性财货的不同的评价而存在，而且现在必须通过现时的和未来的生产资料的价值关系来解释它们的价值取向的不同。”

资料,所以边际效用理论也就应该丧失任何意义。

此外,庞巴维克涉及到"第三个原因"的全部论据是以具有不同长度的生产过程这个推测为基础的:要知道,利润在此种场合正是从更长生产过程的优势中得到的。这样,正如我们以上所见到的,庞巴维克本人承认头两个论据经不起推敲,所以,"现时财货的技术优势"实质上是利润现象的唯一原因。但不可能根本没有疑义的是,甚至在长度完全相同的生产过程这个假定条件下,利润也不是不再存在。如果(用马克思的术语表达)资本的有机构成在所有的生产部门都相同,换言之,如果资本的有机构成在每个单个生产部门将等于资本的平均社会构成,那么,这也决不能消灭利润。与具体"实际"的不同将仅仅在于,平均利润率将直接实现,并不引起资本从一个部门向另一个部门的转移。另一方面,在拥有经过改良技术的单个企业所获得的"差别利润",在尚未变成公共财富时,是不能成为一般利润的例证,因为在完全相同的技术条件下也可以获得利润,它们作为资本家阶级的特有收入,而不是某个单个企业主的收入。"如果所有资本家能够从高于正常的生产率中获得相同的利益,那么,无论什么样的盈利手段都会消失,'剩余价值'就不可能从不用资本主义迂回方式进行生产的那类产品的差别中更多获得,也不可能从用这些方式生产的那类产品的差别中取得。"①

① 施托尔茨曼,第1册,第320页:"wenn alle Kapitalisten imstande sind, gleichen Vorteil aus der erhöhten Produktivität zu ziehen, so bleibt kein Mittel des Mehrgewinns, der 'Mehrwert' kann nicht mehr aus der Divergenz der Produktenmengedie ohne den kapitalistischen Umweg, und der Produktenmenge, die mit seiner Einschlagung hergestellt wird, abgeleitet werden."还见博尔特克维奇,第1册,第943页。

如果我们现在开始研究资本家和工人的动机,那么,我们会看到下述情况。对于工人而言,总的来说谈不上有关某种生产方法的选择,正如我们以前所说的,这仅仅是因为,对他来说,他是工人,不存在独立生产的可能。对于工人,提出问题本身是没有道理的。至于资本家,这里对庞巴维克可以以其人之道,还治其人之身。这就是,作为生产资料的劳动能够使资本家使用任何的"迂回方法";现时的货币盾如果不充实劳动内容,它将是"呆滞资本"。换言之,资本家的"现时财货"仅仅是因为他能将其变成劳动(从其他生产资料中抽象出来)对他才有意义。因此,既然谈的是货币(更不用说资本家绝对不需要的消费品本身)与劳动的对立,从资本家的观点看,劳动具有更高的主观价值。这从交换行为的本身就可见到;如果购买劳动对资本家无利可图,即如果他在主观上未将劳动评价为高于自己的货币盾,他就绝对不会购买劳动。因为资本家事先核算他可能获得的利润,这种核算对每一个这样的评价都产生自己的影响。

我们现在提出一个更一般的表达方式问题。假定我们面前有现时的 1 000 盾和未来的 1 000 盾。资本家能否对现时盾的评价高于未来盾?能。为什么?因为"钱能生钱"。对"现金"的更高评价是以信贷业务为根据的,从而最终以利润为基础。这种资本主义社会的典型情况是不可能用来解释"非劳动收入",因为它本身就要求有非劳动收入。另一方面,用另一种方法也很容易证明,现时财货的价值优势不可能解释利润。我们看到,在分析"第三个原因"时,庞巴维克引用了这样一个事实,即现时财货能够提供采用更有成效的生产方法的可能,并以此作为有利于过高评价现时财货和用于解释利润的基本论据。我们暂时同意现时财货的这种优势。现在想象一下,一个没有钱并且没有可能采用更长生产过程的资本家,他要借钱并用这些钱来支付一定的利息。很清楚,他的利润在这里是不可能用现时数额比未来数额有优势来加以解释。因此,“第三个原因”实际上不沾边。

我们从各个不同的方面评价了庞巴维克最重要的论据,而所有的道路都通向同一个罗马:这个论据完全建立在经院式的极为勉强的原理之上,这些原理要么与实际(对工人和资本家的评价)相矛盾,要么内部存在矛盾(例如,似乎不以头两个原因为转移的第三个原因,用生产性财货的价值来确定消费性财货的价值,或者相反,等等)。在从不同企业的各种技术中得出利润的意图中(更长的或不那么长的生产途径),就能够明显看出对源于资产阶级阶级立场的利润的普遍原因加以掩饰的愿望,而且用各种各样的术语和经院式的机智巧妙的论证方法千方百计地模糊利润的起源。

3.“生活基金”(der“Subsistennzfonds”)。现时财货的需求及其供应。利润的形成

我们现在要研究这样一个问题,即用以交换未来财货——劳动——的“现时财货”是什么东西,因为这种交换是利润形成的原因。庞巴维克在其关于“生活基金”的学说中解决这个问题。

“除少数例外情况,国民经济中现有的财产存量的总额代表着(如果我们撇开土地)国民经济中用于生存的预付款的供应。该财产存量的职能在于,在居民的基本生产力耗费与用于消费的成品

的获得之间这一时间间隔内，即在生产的平均社会周期内维持居民的生存；而积累的财产存量越多，生产的社会周期就可能越长。”①

“因此，实际上，积累起来的全部社会财产储备，除了其所有者使用的那一小部分外，都要拿到市场上去，以作为维持生存所提供的预支款。”②

“国民经济的全部财产存量（储备）是作为生活基金或预付基金而使用，在社会通常的生产周期内，社会通过这类基金使自己得以存在。”③尽管社会的全部“财产储备”（Vermogensstock）也还包括生产资料即对直接消费没有用处的不变资本的物质要素，但庞巴维克仍然认为这个“储备”是生活基金，因为社会上未来财货经常“成熟为”现时财货。

现在必须弄清做现时财货和未来财货交易的买者和卖者这一方面人的观点。在现时财货的供应方面庞巴维克指出了以下情况。

① 《原理》，第 525 页："... das Angebot an Subsistenzvorschüssen in einer Volkswirtschaft mit einer geringfügigen Ausnahme representiert durch die Gesammtsumme des—abgesehen von Grund und Boden—in derselben existierenden Vermögensstockes. Die Funktion dieses Vermögenstockes besteht darin, das Volk während der Zwischenzeit, die zwischen dem Einsatz seiner originaren Produktivkräfte und der Gewinnung ihrer genussreifen früchte vergeht, also während der durchschnittlichen gesellschaftlichen Produktionsperiode zu erhalten; und die gesellschafdiche Produktionsperiode kann desto länger gegriffen werden, je grösser der angesammelte Vermögensstock ist."

② 同上书，第 527 页："Es wird also in der Tat der ganze aufgesammelte Vermögensstock der Gesellschaft mit der höchst geringfügigen Ausnahme jener Vermogensstämme, die die Eigentumer selbst verzehren, —als Angebot von Subsistenzvorschüssen auf den Markt gebracht."

③ 同上书，第 528 页："Der ganze Vormogensstock der Volkswirtschaft dient als Subsistenzfonds oder Vorschussfonds, aus dem die Gesellschaft ihre Subsistenz während der gesellschaftlich ublichen Produktionsperiode bezieht."

撇开土地来考虑并除了“一方面是最贫穷的人，另一方面是财产的独立生产业主”①所使用和消费的那些财货而外，供应量(Umfang)取决于全部积累的储备量(durch den ganzen aufgehäuftenVermogensstamm)。

“供应的强度”(die Intensität des Angebotes)②是这样的，“对于资本家来说，现时财货的主观使用价值不会大于未来财货的主观使用价值，他们因此而准备在万不得已时对两年期间使用的10盾或者两年给他们带来10盾的一个劳动周，提供给差不多整整10个现时的盾。”③

对现时财货的需求要求有：

1. 大量的雇佣工人。他们中的一部分人评价自己的劳动为5盾，一部分人甚至评价自己的劳动为2.5盾(!)。

2. 寻求消费信贷的为数不多的一些人，他们恰好是准备支付一定的现时财货贴水。

3. 寻求生产信贷的一些独立的小生产者，他们需要这种信贷来延长“生产途径”。

① 《原理》，第538页。

② 从有关价值的章节中我们已经知道，从奥地利学派的观点出发，重要的是不仅要知道所提供的和所需要的财货量(供求“量”)，而且要从一方面和另一方面知道单位主观评价(“强度”)。只有根据这两个量的对比结果，我们才能得出一定的价格。

③ 《原理》，第538页："Für die Kapitalisten der subjektive Gebrauchswert der gegenwartigen Güter nicht grosser ist, als der künftigen Güter. Sie wurden daher aüssersten Falles bereit sein, für zehn in zwei Jahre verfügbare Gulden, oder, wardasselbe ist, für eine Arbeitswoche, die ihnen zehn Gulden in zwei Jahren einbringt, nahezu volle Zehn gegenwärtige Gulden zu geben."因此，这里庞巴维克承认，资本家对现时财货的评价并不高于未来财货。

庞巴维克接下来认为，因为所有的卖者对现时财货和未来财货的评价大致相同，而买者则对现时财货评价过高，所以合力将取决于数量上的优势(das numerische Uebergewicht)在哪一方。

因此，必须证明，现时财货的需求经常超过其供给，“dass das Angebot an Gegenwartsgüter durch die Nachfrage numerisch überboten werden *muss*.”①

庞巴维克对这一点证明如下。

他说：“甚至在最富有的民族那里供给也受现时国民财产状况的限制。相反，需求实际上是一个无限的量：它的增加至少要直到由于生产过程的延长才能使生产结果提高时为止，而这个界限甚至在最富有的民族那里也远远超出每一现时财产状况的范围”。②因而优势在需求一方。因为市场价格应当高于被排除在竞争之外的买者所建议的价格，也因为这后一种价格已经包含一定的现时财货贴水(买者对现时财货的过高评价)，所以市场价格也应当包含一定的现时财货贴水。③ 因此，“利息和贴水应该按时出现”。④

这就是庞巴维克利润理论的最后的理论特征。我们现在转入对这些理论特征的评论。

---

① 《原理》，第541页。

② “Das Angebot ist auch in der reichsten Nation begrenzt durch den augenblicklichen Stand der Volksvermögen. Die Nachfrage dagegen ist eine praktisch grenzenlose Grösse: sie geht mindestens so weit, als durch Verlangerung der Produktionsprozesses sich das Produktionsertragnis noch steigern lasst; und diese Grenze liegt auch bei den reichsten Nationen noch weit jenseits des augenblicklichen Besitzstandes.”(《原理》，第541页)因此，这里引用资本家之间由于生产信贷而进行的竞争作为利润的基本原因。

③ 比较《原理》，第540页。

④ 《原理》，第541页。

首先惹人注目的是“生活基金”概念的人为因素和矛盾性。本应当只包括现时财货的这个“生活基金”中,却包括了除土地和资本家的消费品之外的全部,即包括全部生产资料。庞巴维克允许这种可能性的存在是基于未来财货能够“成熟为”现时财货,生产资料能够转变成消费品。但这后一种情况只有一部分是对的,因为生产资料不仅能够变成消费资料,而且也完全能够变成生产资料。在社会再生产过程中,不仅消费品,而且生产资料都应当被再生产出来。不但如此,在扩大再生产条件下,生产资料的份额——以劳动耗费量计算——在增加。因此,将不变资本排除在分析之外是绝对不可能的。这里庞巴维克实质上是在重复马克思在《资本论》第2卷中已经弄清楚的亚当·斯密的旧错误,亚当·斯密将商品的价值分为V(可变资本)和M(剩余价值),却完全忘记了C(不变资本)。“亚当·斯密(庞巴维克。——尼·布哈林注)尤其应该知道,在每年生产的生产资料的价值中,有一部分和在这个生产领域执行职能的生产资料——用来生产生产资料的生产资料——的价值相等,也就是和这个生产领域内使用的不变资本的价值相等,这部分价值不仅由于它借以存在的实物形式,而且也由于它的资本职能,绝对不可能成为任何形成‘收入’的价值组成部分。”①

既然存在着现时财货和未来财货对立的情况,“生活基金”这种概念就加倍地荒谬。要知道,庞巴维克的任务在于弄清一方面是现时财货、另一方面是未来财货(劳动)之间的交换关系。这里

① 马克思:《资本论》第2卷,人民出版社1975年版,第405页。还见第410页§2:“斯密把交换价值分解为V+M”。

现时财货和未来财货应在其完全对立中出现；从这个观点出发，生活基金可能只是市场上提供的现时财货的总和，庞巴维克自己将相关的一章称为："Der allgemeine Subsistenzmittelmarkt"（"生活资料的总市场"）。根据这个观点，庞巴维克完全正确地扣除了进入资本家个人消费的那些消费性财货和那些"现时财货"，因为这些财货并没有作为工人方面的需求对象而在市场上出现，等等；但另一方面，其需求对象却将生产资料即明明是未来财货列入这个总量，并将"劳动"与工人的未来财货对立起来，——虽然这两个财货范畴相互毫无关系。与此同时，庞巴维克那里在需求方面还存在寻求生产贷款的人，即他们提出的不是对生活资料的需求，而是对生产资料的需求（工人想吃饭，资本家则想"延长生产过程"）。全部理论因此而具有由各种不同成分构成的某种极度混杂的性质。另一方面，只是由于寻求生产信贷的那些人和工人都获得以货币形式表现的商品等价物，因而才可以将他们完全放在一起。只有从这一观点出发，才能说"贷款市场和劳动市场这是两个可以买卖同一种商品即现时财货的市场"，……才能说"雇佣工人和寻求贷款的人因此而能构成同一需求的两个分支，他们彼此加强自己的影响并共同帮助形成合成价格"。① 只是因为我们指的是货币，我们才能将这两个范畴一起加以研究。但既然我们研究对半奢侈品的需求和对生活资料的需求，换言之，既然我们研究生活资

① "Darlehensmarkt u. Arbeitsmarkt sind zwei Märkte, auf denen... dieselbe Ware feilgeboten und nächgefragt wird: nämlich gegenwartige Güter... Lohnarbeiter und Kreditsuchende bilden so zwei Aeste derselben *Nachfrage*, die ihre Wirkung gegenseitig unterstützen und gemeinsam die Preisresultante bilden helfen."（第 524 页）

料市场,工人和寻求生产贷款的人之间的任何相似之处也就消失了。

我们现在转入对现时财货的需求与其供应之间的相互关系的分析。在庞巴维克那里可以区分两种论调:一方面,全部理论结构似乎建立在购买劳动这个事实之上,而利润是从工人对未来财货估计不足中推算出来的;另一方面,作为对利润的最终解释,产生了来自寻求生产信贷的那些人对现实财货的需求。

在第一种情况下,工人之间的竞争具有决定性作用,在第二种情况下,资本家之间的竞争具有决定性作用。后一种观点[①]仅凭以下这一点就经不起任何批判,即它不能解释资本家阶级的利润是从哪里获得的。贷款市场、支付借款利息——这只是资本家阶级两种类型之间的价值再分配;而这种再分配并不能解释剩余价值的起源。可以在理论上想象一个完全不会有“贷款市场”但利润却仍会存在的社会。我们因此而被迫转入作为利润基本原因的工人之间的竞争。

正如我们所知道的,这里是庞巴维克把事情想象成这个样子。资本家预付给工人生活资料(购买劳动),而且工人对自己劳动的评价低于未来的产品价值;由此产生现时财货贴水。工人的数量优势形成价格,所以在市场上形成现时财货贴水。从这一点可以得出结论,正是工人阶级软弱的社会地位才是利润形成的原因。但由于连暗示这种思想也使我们的教授害怕,他处在与自己理论

① 例如见《原理》,第541、542、543、544页。我们不分析研究寻求消费性信贷那些人的论据。庞巴维克本人认为这个论据几乎毫无意义。

极重要组成部分的矛盾之中，所以教授一个劲儿地强调说，所有的工人经常能够找到工作，对劳动力的需求一点儿也不少于劳动力的供给，因而从工人之间的竞争中不能得出利润。例如下面就是这类论断的范例："Nur können allerdings die den Käufern ungünstigen Umstände *durch einen regen Wettbewerb der Verkäufer* wieder wett gemacht werden. Sind die Verkaufer auch wenige, so haben sie dafür desto grossere Gegenwartsguter zu fruktifizieren... Glücklicherweise bilden diese Fälle im Leben die Regel."①

但我们还得把这些非常非常实质性的理论缺陷放在一边。假设利润就是从购买未来财货、购买劳动中产生的，而且我们还要像实际发生的和庞巴维克所想象的那样来看待资本家和工人的交易。那么，我们这里会碰到一种看法，它使庞的全部论断都变成多余的了。这就是，他的全部理论都是以资本家向工人发放预付款这个前提为基础。要知道，全部基本思想的立足点是，劳动逐渐发展成熟，它只有达到这种成熟度后，才能带来利润；耗费的价值和工资的差额的形成，是因为支付劳动报酬发生在劳动过程开始之前，即按照作为"未来财货"的劳动所具有的那种价值形成的。但恰恰是这个前提毫无根据并与实际相矛盾。事实上并不是资本家向工人预付工资，而是工人向资本家预付自己的劳动力(在庞看来是预付自己的劳动)。付清报酬不是发生在劳动过程之前，而是发

① 《原理》，第575页。着重号系我们所加。"当然，对购买者不利的条件能够再一次被卖者的活跃竞赛化为乌有。如果卖者很少，那么他们会因此而不得不销售更大量的现时财货……好在这些情况在生活中成为规矩。"

生在其后。这在计件工资制的情况下尤为明显,即根据做成的产品的件数发放某种工资额。“工人从资本家那里得到的货币,是工人在把自己的劳动力交给资本家使用之后,是在劳动力已经在劳动产品的价值中实现之后,才得到的。资本家在支付这个价值之前,已经取得了它。……在资本家以货币形式把那个应支付给工人的等价物支付给工人之前,劳动力已经以商品形式把这个等价物提供出来了。因此,资本家用来支付工人报酬的支付基金,是工人自己创造的。”[①]诚然,也有预先支付的情况,但第一,这对于现代经济生活完全不具有典型意义;第二,这丝毫也不能推翻我们的论点。因为,如果利润是在劳动过程结束后支付工资的那些情况下取得的,那么很明显,就会有另外的某种现象作为利润产生的原因,而不是现时财货和未来财货价值的差额。这种现象就是资本的一种强大的社会力量,它建筑在作为阶级的资本家对生产资料的垄断和迫使工人让出自己的一部分劳动产品的垄断这个基础上。社会不平等和对抗性社会构成的存在,这都是现代经济生活的基本事实;正是经济领域这些阶级之间的关系即生产关系,构成了资本主义社会那种典型的“经济结构”,如果不分析这种经济结构,任何理论都注定是完全徒劳无益的。然而,掩盖阶级对抗的愿望是如此强烈,以至现代资产阶级科学宁愿捏造出许多完全空洞的“解释”,将一个空洞的论据缠绕在另一个论据上,以建立一整套“体系”,来再现被久久遗忘的“理论”并写出很厚的一大堆书,其唯一目的就是要证实,“im Wesen des Zinses liegt...nichts was ihn

① 马克思:《资本论》第2卷,人民出版社1975年版,第422—423页。

an sich unbillig oder ungerecht erscheinen liesse"("在利息的本质中除了使其本身该受谴责或使其不公正而外,再无其他别的东西")。

结 束 语

如果我们从整体上研究庞巴维克的全部理论“体系”，并尽力设法确定这一体系各部分的比重，那么我们就会看到，价值理论是利润理论的基础；价值理论因此而发挥辅助作用。有这种看法的不止庞巴维克一个人。维塞尔的“认定”理论被他用来推算资本、劳动和土地的比重，并由此用偷换概念的方法得出资本家、工人和土地所有者所占的比重，来作为“自然真实的”不以对无产阶级社会压迫为转移的量。我们在美国学派最有声望的代表人物克拉克那里也看到了同样的情况。我们到处都遇到同一个理由：价值理论是证明现代社会制度正确的一种理论方法，这也正是对于那些热衷于维护这一社会制度的阶级来说边际效用理论的“社会价值”所在；而且这个理论在逻辑上越是根据不足，在心理上就会越加强烈地迷恋价值理论，因为这些阶级不想脱离由资本主义静态所界定的那种狭小眼界的范围。相反，对马克思主义来说，突出的特点首先是视野开阔，它是全部理论的基础；其次就是将资本主义看作是社会发展阶段之一的动态观点。对于马克思主义政治经济学来说，甚至价值规律也是揭示整个资本主义机制运动规律的认识工具。价格范畴（为解释价格范畴首先需要价值理论）是商品世界的普遍范畴这一情况，不会使政治经济学变成别的理论，相反，在正确提出问题的情况下，对交换的分析总是超出交换的范围。按照马克思主义的观点，交换本身是产品分配的历史暂时形式之一。而由于任何分配形式都在与其相适应的生产关系的再生产过程中占有一定的地位，因而十分清楚，只有在资产阶级理论思想的全部派别所特有的狭小观点范围内，才能够着重研究市场关系或将"财货"的实有储备量作为基础。无论是局限于分析市场上"财富金钱运动"的那些人，还是注意到事先给出的消耗物品、"财货"和单个经营者之间相互关系的那些人，都不可能明白作为商品生产者社会内在固有的必然合乎规律现象的交换所具有的职能作用。同时，也都十分清楚，应当怎样正确地提出问题。

"在实现这个（商品生产的。——尼·布哈林注）社会可能的所有交换行为中，应当反映出在有意识调节的共产主义社会由社会的中央机关有意识确定的东西：应当生产什么和生产多少，在哪里生产和谁应当生产。一句话，交换应当传到商品生产者，也像有意识地调节生产和确定工作规则等的社会主义社会的机关通知其社会成员那样。理论经济学的任务是要寻找由上述方式决定的交换规律。商品生产者社会中生产的调节应根据这个规律作出，正如社会主义经济不可中断的进程是由社会主义管理的规律、指令和规定所决定的一样。差别仅仅在于，这个规律并不是有意识地直接规定人们在生产中的某种行为，而像自然规律一样，与'社会的自然需要'发生作用。"①

换言之，作为研究的对象，给我们提供了一个无秩序构建的正

① 希法亭：《金融资本》，"书籍"出版社 1918 年版，第 19 页。

在成长和发展中的商品生产者社会，即提供了处于动态平衡条件下的明确的无主体制度。试问，在这些条件下怎么可能保持这种平衡？劳动价值理论作出了回答。

人类社会的发展只有在社会生产力即社会劳动生产率提高的情况下才是可能的。① 在商品经济中，这个基本事实也应当在“现象的表面”即在商品市场中得到反映并正在得到反映。以“劳动理论”为基础的经验过的事实，就是随着劳动生产率的提高而价格下降的那个事实。另一方面，正是价格的波动在社会商品经济中引起生产力的再分配。因此，市场现象是与再生产现象即社会范围内整个资本主义机制的运动相联系。

如果给出基本现象、生产力发展和客观形成的价格之间的联系，那么，就会出现对这一联系的评定问题。经过进一步的分析表明，这是一种很复杂的联系。马克思的《资本论》第三卷恰恰是专门用来弄清这个联系的类型问题。

因此，价值规律在这里是表现各种不同社会现象之间联系的客观规律。因而再也没有什么比指责马克思主义的理论是“伦理学”理论更荒谬的了。除了有因果关系的规律外，马克思主义理论不承认也不可能承认其他任何规律。价值理论揭示了既反映市场

① 一位年老的几乎完全无人知晓的经济学家卡纳尔(N. F. Canard)把马克思的这一思想极好地表达出来，而且一点儿也不比大受吹捧的洛贝尔图斯差。见他的《政治经济学原理》，巴黎，1801 年。在受到国家学院奖励的这部著作中，卡纳尔写道：“正是他的活动和他的工作，使文明人与自然人即原始人之间有了很大的差别”(第 3 页)。“因此，必须区分人类生存的必要劳动和剩余劳动”(第 4 页)。“人类只有积累大量的剩余劳动，才能摆脱原始状态，不断开创各种艺术，发明各种机械和通过简单途径增加劳动产品的方法”(第 5 页)。

规律又反映整个向前运动的体制的整体规律的这些因果关系。

分配问题的情况也是如此。分配过程是以价值表现进行的。资本家与工人之间的“社会”关系具有“经济”表现形式，因为劳动力成为商品，既然成为商品并进入商品流通的轨道，因而就服从于价格和价值的自发规律。正如在一般商品流通领域一样，没有价值规律的调节作用，资本主义制度也就不可能存在，正像如果没有作为劳动力本身的再生产内在固有的规律，资本就不能经常再生产自己的统治一样。由于消耗掉的劳动力比劳动力社会再生产所必须的社会劳动能量更多，所以不断推向劳动力的购买者即生产资料所有者的商品流通规律提供了剩余价值的可能。在资本主义社会借助于竞争机制实现的生产力的发展，在这里所采取的是资本积累的形式，劳动力的增减变化就取决于这种资本积累，而且生产力的发展经常伴随着商品的单个劳动价值超过商品的社会劳动价值的全部生产集团的被排挤和消亡。

因此，价值规律是前进中的资本主义制度的基本规律。不用说，由于该规律是从资本主义社会的矛盾本质中得出的，所以它能以经常“违反”的方式得以实现。更不用说，使资本主义社会不可避免发生崩溃的资本主义社会的矛盾结构，会最终导致资本主义的“正常”规律——价值规律的破产。① 在新的社会里，价值丧失了自己的拜物教外壳，它不再是无主体社会的盲目规律，即不再是价值。

① 在俄罗斯已经到来和在整个欧洲正在到来的资本主义的崩溃，现在迫使产品的物质实体形式突现出来，使作为价值的产品退居次要地位。但从资本主义的观点来看这正是所有“不正常”状况的表现。

这就是马克思主义理论和无产阶级政治经济学的总轮廓。该理论得出特殊的社会结构的“运动规律”，它的确得出了这些规律。

但正是由于马克思主义超越了资产阶级眼界的狭小范围，它越来越为资产阶级所痛恨。社会科学领域内尤其是经济理论中的社会合作根本没有加强；相反，出现了更加剧烈的分化。资产阶级经济学现在之所以有可能向前发展，只是因为它还没有超出纯叙述工作的范围。这里资产阶级经济学还能够做并且正在做可以说是对社会有益的事情。当然不能对在这一领域所做的一切都信以为真。因为任何描述甚至是最“纯正的”描述都是从一定的角度进行的：选材，把一些材料提到首位，将另一些材料退居次要地位，等等，所有这些都决定于作者的所谓“总观点”。但在批判方面这里毕竟可以获得用于总结的丰富材料。至于理论本身，正如我们在庞巴维克的例子中所确信的那样，它是一片荒漠。是否会由此得出结论，说马克思主义者应当绝对忽略这个领域？一点儿也不会。因为无产阶级思想体系的发展过程是斗争的过程。正如在经济和政治领域一样，无产阶级是在与其敌对的分子的不断斗争中前进的，在思想体系的更高阶段情况也正是如此。这种思想体系不是作为完备的在各方面都准备好了的体系而从天上掉下来的：它是在艰难痛苦的发展过程中培养成的。我们通过对敌对观点的批判，不仅能够直接反击敌人的进攻，而且能够秣马厉兵来抨击对立的体系，这意味着首先要对自己的体系深思熟虑。还必须从另一方面认真研究资产阶级经济学。直接的实际斗争中的规则也适合于意识形态斗争。必须利用敌对者的全部矛盾和他们之间的所有分歧。问题是，尽管目的是一致的，即证明资本主义正确，但在资产阶级学者中间至今仍存在很大的意见分歧。同时，在价值理论领域，在奥地利学派制定的理论原则上取得了某些一致意见，在分配理论领域，几乎每一个理论家都在构建自己的理论，并同时诉诸于“公认的”价值理论。这再一次证明，从纯逻辑方面看，提出的任务难到何种程度，它要求现代经院哲学家进行怎样的“紧张思考”。但这种情况在很大程度上减轻了批判任务，并有可能更快找到敌对者的总的逻辑错误和弱点。因此，对资产阶级经济学的批判有助于发展无产阶级自己的经济科学。资产阶级的科学已经不再为自己提出认识社会关系的目标。它只是从事对这些社会关系的证明。经过科学论战后，胜利属于不惧怕分析社会发展规律的马克思主义，即使这些规律会将现代社会引向不可避免的灭亡。从这个意义上说，马克思主义曾经是而且仍然是一面理论红旗，那些勇敢直面行将到来的暴风骤雨的所有的人，都会集合于这面旗帜之下。

附录　理论调和主义[①]
（杜冈—巴拉诺夫斯基先生的价值理论）

19世纪90年代，先前"合法马克思主义者"所完成的那种快速演化，表现为十分明确的趋势：在既与民粹派思想体系敌对的资本主义的对立中，又与革命无产阶级思想体系即马克思主义的对立中形成了自由资产阶级思想体系。这种统一的趋势正如任何一种社会现象一样，曾经是很复杂的现象。并不是"新的"资产阶级思想体系的所有代表者都能同样迅速地"由马克思主义发展成为唯心主义"。在向"新的里程碑"的狂奔中，他们中的一些人早已得到一大摞奖金，并神情高傲地看着落后者，其他一些人也已完全接近目标；另一些人则一瘸一拐地远远落在后面。从这个观点出发，倒是饶有兴趣地看一看这个竞赛的个别参加者。在你们面前的是"原来的马克思主义者"、政治经济学教授布尔加科夫，他只要一穿上僧侣长袍就会变成信奉鬼神和所有"神秘物"的典型的"很有学

① 本文是当时写给马克思主义杂志《教育》刊物的。它分析了价值理论中的折中主义理论和"联合原则"。我们也以此将其附于本书之中。很显然，文中与杜冈理论的逻辑方面没有直接关系的某些之处已经过时了。所发生的事件已在很大程度上超过了这些论述。但我们仍将这些按原样保留，而且有的预测还真的得到了证实（如布尔加科夫先生的剃度），而杜冈先生本人则来得及当了反革命政府的部长。有趣的是，马斯洛夫也做了杜冈的这种尝试。

问的神父”。他的旁边是另一位原来的马克思主义者，也是一位热衷于谈论(任何人都有自己的喜好!)有关“尘世”和“上天的基督教徒”即别尔佳耶夫先生。靠边上一点儿的是立宪民主党一十月党人学识非常渊博而动作却很迟钝的人即无与伦比的彼得·司徒卢威。所有这些令人敬重的人与自己的过去彻底断绝了关系；他们稳当地坐在新位置上，不想与自己“青年时代的失检行为”有任何相似之处；他们不做任何妥协交易地向前走，这是些勇于为俄国资本主义献身的人。瞧，远远落在后面但显然想要追赶上自己的同事，又小碎步跑来一个原先的马克思主义者而现在是工厂主顾问的杜冈—巴拉诺夫斯基教授；他开始嘟囔基督教要晚于其他人；他不向愿进谗言者罗扎诺夫使眼色；他还是继续与马克思主义卖弄风情，为此，某些天真的人们认为他几乎是“红色的”。一句话，这是“调和分子”。他没有下决心完全地和公开地把自己算作是无产阶级及其理论的敌人；正如他自己表述的那样，他认定只是要“清除马克思主义中不科学的成分”。他正是以此才可能蒙骗人，他的理论活动也正是这一点最有害。他不想简单地“批驳”劳动理论，他力求“调和”劳动理论与庞巴维克这位资产阶级欲望的典型表达者的理论。读者现在会看到，杜冈—巴拉诺夫斯基在整个政治经济学的中心问题——价值理论方面的努力得到了怎样的结果。

1. 杜冈先生的“公式”

杜冈—巴拉诺夫斯基先生首先对庞巴维克先生加以赞扬。“新理论(即奥地利经济学家们的理论。——尼·布哈林注)的伟大功绩在于,它按照一个基本的原则对确定价值过程的一切现象作出了充分(!)而详尽的(!!)解释,从而永远结束了关于价值的争论"。① 这就是杜冈先生对新学派的"评价"。

在另一处:"边际效用理论永远是价值学说的基础,它在将来可能会得到补充和局部改动,但其基本思想是经济科学的永恒成果。"②

"科学的永恒成果",这听起来有多么骄傲!虽然这"成果"实际看上去相当可怜,但我们暂时将不反驳杜冈先生,并先努力传达他的"统一行动纲领"。

按照奥地利学派拥护者们的学说,物品的价值是由物品的边际效用决定的。这种边际效用也取决于该种财货的数量。该种财货越多,需求就越得到"充分满足",需要就越不迫切,财货的边际效用就会降得越低。这样,奥地利学派在结束自己的分析时把被评价财货的一定总量和一定数量当作已知的因素。杜冈—巴拉诺夫斯基先生完全有理由提出进一步的问题:财货的这个量是由什么决定的?按照杜冈—巴拉诺夫斯基的见解,财货的数量取决于"经济计划"即取决于在不同生产部门之间对人的劳动的这种或那种分配。而劳动价值在这个经济计划的编制中起"决定性作用"。

我们的作者说:"边际效用是每种产品最后单位的效用,它随着生产规模的变化而变化。我们可以通过扩大或缩减生产来降低和提高边际效用。与此相反,单位产品的劳动耗费价值是不以我们的意志为转移的某种客观上已知的因素。由

① 杜冈—巴拉诺夫斯基:《政治经济学原理》,1911 年第 2 版,第 40 页。

② 同上书,第 55 页。

> 此可以得出结论:在编制经济计划时,决定的因素应当是劳动耗费价值,而被决定的因素则是边际效用。用数学语言表述,边际效用应当是劳动耗费价值的函数。”①

财货的边际效用与其劳动价值之间的从属关系如何?杜冈先生作了如下论述。假定我们有A和B两个生产部门。合理的经济计划这时要求在这两个部门之间这样来分配劳动,即要使在最后时间单位劳动过程中所取得的效益在两个部门都处于相同的水平。② 没有这种平衡,合理的计划即要取得最大的效益量是难以想象的,这是因为,例如如果在最后时刻在A生产部门可以得到用数字10表示的效用总量,而在B生产部门这种效用将仅可以用数字5表示,那么显而易见,不生产财货B更有利,应将时间用于A的生产。如果产品的劳动价值不同,而在最后时间单位所获得的效益相同,那么由此得出结论,“每种自由再生产的产品的最后单位的效用,即它们的边际效用,应与单位工作时间内生产的这些产品的相对量成反比,换言之,应当与这些产品的劳动耗费价值成正比”。③

这就是杜冈—巴拉诺夫斯基所认为的产品边际效用和产品绝对劳动价值之间的从属关系。这里没有任何矛盾;相反,占主导地位的是完全悠闲安宁的情调:

> 杜冈写道:“通常看来是相互排斥的两种理论,实际上却是完全相互协调的。两种理论研究同一个经济评价过程的不同的方面。边际效用理论阐明主观的经济价值要素,而劳动

---

① 杜冈—巴拉诺夫斯基:《政治经济学原理》,1911年第2版,第47页。

② 要是更准确地表述,效益应当极度相同。

③ 同上书,第47页,着重号系作者所加。

理论则阐明客观的经济价值要素。”①

因此，根本谈不到两种理论的对立，边际效用理论的拥护者们却应当向“劳动”理论的拥护者们伸出手去握手。杜冈—巴拉诺夫斯基至少就是这样坚决主张的。但我们希望证明，承认这些睦邻关系是以对两种理论即劳动价值论和边际效用论非常天真的理解（即不了解）为基础的。在转入分析杜冈先生的“基本错误”之前，我们应当从我们调节人的“理论观点出发”来对劳动价值论提一些批评性意见。同时，会发现杜冈思维的某些很有趣的特点，而发现这些特点也会给教授先生的调和立场洒上光明。

2. 杜冈先生的“逻辑”

任何一位有理性的人必定会从以上所述得出下述结论。② 由于价值（由财货的边际效用决定的主观价值）是与劳动耗费价值成比例的，由于这些价值是价格的基础，因而可以说，价格的基础正是劳动耗费价值。实际上，如果劳动耗费价值和边际效用作为正比例被这种牢固和固定的联系连结在一起，那么很明显，我们在分析时可以随便用一个量来取代另一个量。如果我们像杜冈那样声明，“决定的因素应当是劳动耗费价值，而被决定的因素则是边际效用”，③那么这种观点对于我们将简直是必须的。很清楚，我们

① 杜冈—巴拉诺夫斯基：《政治经济学原理》，1911 年第 2 版，第 49 页。

② 为避免误解，我们认为需要事先说明：我们暂时不批判杜冈先生的术语，并赋予“价值”和“耗费价值”这两个词以杜冈原有的内容。

③ 同上书，第 47 页。

这样论述会得出如下序列：价格—边际效用—劳动耗费价值。劳动耗费价值这里与主观价值从而与价格相联系。这种情况使得杜冈—巴拉诺夫斯基先生甚至这样写道：

> “从某种观点看来……劳动评价理论主要是经济价值理论，与此同时，边际效用理论则是一般心理评价理论，而不是特殊经济评价理论。”①

因此，劳动耗费价值决定边际效用，边际效用也决定价格；换言之，劳动耗费价值是价格的终极基础。好得很。我们翻过6页就会碰到下列“对马克思的批判”。

> “马克思提出绝对的劳动价值论取代劳动耗费价值论”……
>
> “桑巴特在他自己对《资本论》第3卷的著名批判文章中，②曾试图为马克思的劳动价值论进行辩护，把它解释为劳动耗费价值论。他把劳动价值论理解为‘社会劳动生产率的程度’。但是，如果是这样的话，那么为什么把劳动耗费称为“价值”，以至于认为劳动耗费是价格、产品交换关系的基础(显然是错误的)，而不承认价值和耗费价值这两个不同的范畴有独立存在的权利呢?”③

杜冈—巴拉诺夫斯基先生问道，劳动价值应当当作社会劳动耗费价值加以解释，这是否正确。④ 完全正确。但杜冈接下来的

① 杜冈—巴拉诺夫斯基：《政治经济学原理》，1911年第2版，第50页。着重号系我们所加。

② 杜冈—巴拉诺夫斯基先生指的是桑巴特的文章《对卡尔·马克思经济制度的批判》，载《社会立法档案》第7卷。

③ 《原理》，第58页。

④ 我们说：“社会的”。这个补充现在对于我们不重要了。但正如我们下面将要看到的，它本身是极其重要的。

所有观点则是不正确的。他是如此醉心于批判，以至于不仅开始“批判”马克思，而且也批判他自己。正如我们在上面看到的，从杜冈的论点得出结论，劳动耗费价值是价格的基础。现在看来，这“显然是错误的”观点。“批判”得可真好，没啥说的！相信什么呢？是相信以前写的那些，还是相信后来6页所写的那些？在任何情况下都是非同一般的明明白白的思想！这真可称作不可动摇的逻辑！读者也许会怀疑上面引用的杜冈—巴拉诺夫斯基先生后一个“思想”的可靠性。那我们再引用一段：

> “马克思的劳动价值，实质上不外是劳动耗费价值。但是，马克思的错误不是术语性质的错误。马克思不仅把社会必要生产劳动称为商品价值，而且总是经常力求把商品的交换关系归结为劳动。……只要把价值和耗费价值的概念完全分开，我们就可以创立逻辑上正确的和切合实际的价值和耗费价值的理论。”①

这还有一个片断：

> “马克思的错误，就在于……他不懂得这个范畴(即价值范畴。——尼·布哈林注)的独立意义，并企图把它同价格理论联系起来，因而把劳动耗费称作价值，而不是称作耗费价值”。②

① 杜冈—巴拉诺夫斯基：《政治经济学原理》，1911年第2版，第69页。最后一行的着重号系我们所加。

② 同上书，第70页。顺便说几句，我们指出与事情没有直接关系的一点。杜冈—巴拉诺夫斯基先生不明白(见第68、69页)马克思交换价值(Tauschwert)的意义。我们很乐意加以说明。马克思在分析过程中有时必须假定，商品是按耗费价值(价值)出售的。在这种情况下，耗费价值关系就将是交换价值。这个概念的认识意义，在于它向我们说明的不是绝对量，而是相对量。

不可能有任何疑义。杜冈—巴拉诺夫斯基忘记了他自己是怎样把劳动耗费价值同价值和价格“联系起来”的，而现在则忙着断绝这罪恶的联系。逻辑的确令人惊诧。

现在有一个问题。如果价值范畴是如此独立，以至将其置于上述联系之中是很大的过失（在杜冈看来是“第二种方式的过错”），那么，这个范畴的经济意义何在？杜冈先生的确说，经济意义“巨大”（见第55页），但除了不可能信以为真的“道德上的废话”，我们干脆什么也找不到。

现在我们可以转入对杜冈“基本错误”的分析。在他有能力混淆和“调和”最相互矛盾的论点的情况下，我们不得不要再次弄清楚他的“公式”中不外是极度混乱的东西，这就不足为奇了。

3. 杜冈先生的基本错误

到目前为止，我们接受了杜冈—巴拉诺夫斯基关于劳动耗费价值和边际效用比例关系的公式，而未对其加以批判。这里我们尽力揭示这个著名公式理论上的徒劳无益。为此，我们应当先向读者通报杜冈—巴拉诺夫斯基对整个政治经济学，从而对各种各样“公式”的观点，这个观点我们是完全同意的。我们十分尊重教授先生，因而请他本人阐述这个似乎在上面已经看到的完全正确的观点。

> “经济科学与其他社会科学不同，它所阐明的经济现象的因果规律体系，恰恰是由它的现代研究对象——自由交换经济的特征所决定的……因而有充分的理由来断定政治经济学

> 这门与现代国民经济密切相关并研究经济现象因果关系的特殊科学的命运。它同国民经济一起产生和发展,又同国民经济一起退出舞台。”①

这里说得很明确,政治经济学研究交换经济,也包括资本主义经济。我们正是以此观点来着手研究杜冈的公式。正如我们所知道的,他确定了边际效用与劳动耗费价值之间的比例关系。我们从公式的最后一部分,从劳动耗费价值开始分析。按杜冈—巴拉诺夫斯基先生的观点,劳动耗费价值决定经济计划。但我们的作者所说的那个“经济计划”,是单个经济并且是为自己生产各种最不同“财货”的自然经济的范畴。实际上,如果我们拿现代单个经济即资本主义企业来说,我们在那里首先找不到杜冈所说意义上的任何“经济计划”,原因很简单,工厂的生产是专业化生产,因而在几个“部门”之间没有什么可分配的时间:每个生产单位只生产一种产品。此外,劳动耗费价值范畴总的来说不能引起资本主义企业主体的兴趣,因为他自己不“劳动”,而借助于雇佣的劳动力和在市场上购买的生产资料进行“工作”。因此,如果可以谈论劳动耗费价值,那它对于现代生产方式(政治经济学正是要研究这种生产方式)仅可理解为是社会范畴,即只是用于整个社会,而不是用于构成该社会整体的单个生产单位的某种东西。马克思正是这样构建自己的劳动价值概念。他的理论正确与否,这是与此无关的问题。我们认为,这种理论是正确的,杜冈—巴拉诺夫斯基先生认为,这种理论是不正确的。但马克思至少清楚地懂得,将劳动价值

① 《原理》,第 17 页。

范畴作为单个经济的范畴，是荒谬的，只有把劳动价值范畴作为某一社会范畴来谈，它才具有意义。现在产生有关边际效用问题即杜冈—巴拉诺夫斯基先生公式的第二个组成部分的问题。根据成为边际效用拥护者的所有理论家的定义，边际效用不外是用于“经营主体”福祉安康的财货的“意义”；这是要求进行有意识核算的公认的评价。很清楚，边际效用范畴只有作为单个经济的范畴才有意义，而相反，如果我们指整个社会经济，那么边际效用范畴就不可能直接发挥任何作用（甚至从其拥护者的观点出发也是如此）。社会经济绝不会像单个老板那样去“加以评价”，因为这是自发发展的体系，其规律性具有独特特点。因此，如果说边际效用具有某种意义，那它只有作为单个经济的范畴才行。

正如我们所知道的，杜冈—巴拉诺夫斯基先生确定了边际效用与财货的劳动耗费价值之间的比例。对劳动耗费价值可以作双重理解：既可理解为是社会的范畴（如果我们研究资本主义经济，这种理解是必须的），也可理解为是单个的范畴。十分清楚，不能将第一个意义上的劳动耗费价值与边际效用直接联系起来：这是彼此之间根本不可能有任何共同点的两个量，因为它们处在完全不同的平面上。如果断言，一般只能在单个经济领域遇到的一个量，与只能在社会经济领域才有的另一个量是成比例的，这实在是与对电线杆接种牛痘毫无二致。因此，正确理解劳动耗费价值理论，就会得出劳动耗费价值理论与边际效用理论之间完全相矛盾的结论。而杜冈先生仍然要把作为单个经济范畴的劳动耗费价值的荒谬概念与边际效用“联系在一起”。由于这个原因，他的理论当然不会更好：只要我们将这种理论与资本主义的现实加以比较，该理论就会遭到最无情的破产。结果是大体上出现了与奥地利学派代表人物一样的情况。当我们周旋于从事经营的鲁滨逊式的人物的利益圈内，有意或无意不介入资本主义关系时，事情会进展得比较顺利。但只要我们一接近政治经济学所要解释的那些关系（杜冈自己也承认这一点），全部理论就会化为乌有。

我们快要结束本书的写作。但我们还想作一个简短的说明。杜冈先生的全部“理论”涉及生产产品的生产单位。这有利于将他与地道的边际效用者们区别开，这些人似乎忘记了，商品不是“上天的恩赐”，而是生产的产品。杜冈—巴拉诺夫斯基恰恰是为这些生产单位确定自己的“比例”。这非常好。我们再看一看杜冈先生在自己书的另一部分关于这些生产单位是怎样说的。

> 这位很有学问的活动家建议道：“我们应当遵循现代资本主义经济中借以形成价格的那些实际经济关系。我们不应当像庞巴维克所做的那样，要求某种商品的卖者自己需要自己的商品，而且，如果向他建议的商品价格过低，他就准备自己保留这些商品用于自身的需要。”①

这是正确的。这里较之边际效用理论家们可以说是名副其实地前进了一步。只不过是如果他的生产单位将不按效用（即不按边际效用）来评价自己的产品时，杜冈本人的理论会感觉如何？若是要存在这臭名昭著的比例关系，就必须要有该比例关系在其中得以确定的那些量。我们在上面看到，劳动耗费价值的情况极坏。而现在杜冈先生本人在其整个杰出的批判中宣布，在资本主义条

① 《原理》，第212—213页。

件下(或在简单商品经济条件下)按边际效用进行评价,对于卖者来说是完全没有意义的。

我们分析了杜冈先生的理论,但没有涉及该理论的组成部分之一即边际效用理论本身的正确性。其实这个理论也根本没有受到我们这位理论家的保护。这是一个十分有趣的事实。俄国资产者在新道路的探寻中对马克思持令人惊讶的"批判"态度;但他们对待西方的资本主义科学思想却近乎于信仰宗教一样去崇拜。这种情况再一次证明了那些"新经济思想"的真实本质,而杜冈—巴拉诺夫斯基先生、布尔加科夫先生、司徒卢威先生个个都在鼓吹和宣传这些新经济思想。

后　记

本书的脚注，除俄文外，德文由葛竞天、包利颖、梁媛翻译；个别的法文由周淑景翻译；个别的英文由李丽翻译；郭振华也翻译了有关部分。在此向他们表示衷心的感谢。

郭连成

2001年8月11日

图书在版编目(CIP)数据

食利者政治经济学:奥地利学派的价值和利润理论/(俄罗斯)尼·布哈林著;郭连成译.—北京:商务印书馆,2017
(汉译世界学术名著丛书:120年纪念版:珍藏本)
ISBN 978-7-100-14167-3

Ⅰ.①食… Ⅱ.①尼… ②郭… Ⅲ.①奥地利学派—边际效用价值论—研究 Ⅳ.①F091.343

中国版本图书馆CIP数据核字(2017)第137669号

汉译世界学术名著丛书
(120年纪念版·珍藏本)
食利者政治经济学
——奥地利学派的价值和利润理论
〔俄〕尼·布哈林 著
郭连成 译

商 务 印 书 馆 出 版
(北京王府井大街36号 邮政编码100710)
商 务 印 书 馆 发 行
南京爱德印刷有限公司印刷
ISBN 978-7-100-14167-3

2017年12月第1版 开本710×1000 1/16
2017年12月第1次印刷 印张12¾
定价:60.00元